# 法律事務職員
# 簡単手続法マニュアル

パラリーガルクラブ 著

弘文堂

# は じ め に

　パラリーガルクラブでは、「法律事務職員簡単実務マニュアル」「法律事務職員簡単倒産マニュアル」「法律事務職員簡単基礎知識マニュアル」を発行してきました。発行から長期間経過し、この度、これらを統一し、法律の基本を押さえた上の体系的なマニュアルに全面改訂することにしました。

　各申立てにおける必要的記載事項、そして各申立てに必要な添付書類・費用は法律・規則によるものです。法律・規則には必要的記載事項のみが定まっており、記載順序は定まっていませんが、各申立書式についておおよそのスタイルというものがあります。そのスタイルで申立て・申請すれば、また、実務上、各裁判所や各専門部における申立要領に従って申立て・申請すれば、受付側も審査し易いということです。必要的添付書類や費用については手数料の他、手続の流れの中で必要となるので、申立時に準備するわけです。

　定型的申立て・申請については、定型的書式が備えられていますが、定型的といっても、その中から選択するためには手続法の原理・原則が分かっていないと選択できません。手続法の原理・原則が分かった上で書面の作成し、必要的添付書類や費用、その他申立要領で目録や郵便切手等揃えるようにしましょう。手続の原理・原則を把握していれば、応用も効きます。私たちの実務の基本は法律・規則です。是非、常に条文にもあたり、実務の根拠を押さえてください。

　本書に関するご意見・ご希望等ございましたら、本誌末尾「ご意見シート」でお寄せください。

　なお、本文中（1-1-1）等とあるのは、「日本弁護士連合会法律事務職員能力認定試験」の関連問題です。（1-1-1）は第1回、第1問、選択肢1です。
　参考になさってください。

# 目　次

## 第1章 ◆ 実体法・手続法　全体構造

1．「マイ六法」を作ろう ……………………………………………… 6
2．法体系全体の中での各法律の位置づけ …………………………… 9
3．各手続にのせるポイントと申立後の手続の流れ ………………… 13
　裁判書式と登記申請書式 …………………………………………… 15

## 第2章 ◆ 法務局実務─不動産登記・供託手続

1．総論 ………………………………………………………………… 20
2．不動産登記の実務 ………………………………………………… 21
3．不動産登記申請 …………………………………………………… 27
4．供託申請手続総論 ………………………………………………… 45
5．供託申請手続各論 ………………………………………………… 47
6．供託払渡請求手続総論 …………………………………………… 56
7．供託払渡請求手続各論 …………………………………………… 57
8．閲覧・証明申請手続 ……………………………………………… 63

## 第3章 ◆ 家事事件・人事訴訟手続

1．総論 ………………………………………………………………… 66
2．家事事件 …………………………………………………………… 67
3．人事訴訟 …………………………………………………………… 76
4．成年後見制度 ……………………………………………………… 87

## 第4章 ◆ 相続実務手続

1．戸籍の取寄せ ……………………………………………………… 94
2．戸籍の見方 ………………………………………………………… 96
3．相続実務 ………………………………………………………… 100

## 第5章◆倒産手続総論

1．私的整理と法的整理 ································· 118
2．再建型手続と清算型手続 ··························· 119

## 第6章◆破産手続

1．総論 ························································ 124
2．破産手続の開始申立 ·································· 127
3．破産手続開始申立権者 ······························· 129
4．管轄 ························································ 129
5．必要的添付書類 ········································ 132
6．費用 ························································ 133
7．申立要領（東京地方裁判所） ····················· 134
8．同時廃止事件・管財事件の基準（東京地方裁判所） ··· 136
9．免責手続 ·················································· 137
10．復権 ························································ 151
11．破産管財手続 ············································ 152

## 第7章◆個人債務者再生手続

1．総論 ························································ 198
2．個人債務者再生手続の開始申立 ·················· 203
3．個人債務者再生手続開始申立権者 ··············· 204
4．管轄 ························································ 204
5．必要的添付書類 ········································ 205
6．費用 ························································ 205
7．申立要領（東京地方裁判所） ····················· 206
8．申立後の手続の流れ ·································· 208
9．住宅資金貸付債権に関する特則 ·················· 219

# 第1章

## 実体法・手続法　全体構造

1.「マイ六法」を作ろう
2. 法体系全体の中での各法律の位置づけ
3. 各手続にのせるポイントと申立後の手続の流れ

# 1.「マイ六法」を作ろう

　六法は法律実務専門職の常に手元にある商売道具です。六法の中でも、特にお薦めしたいのは、法律・規則について省略しないで掲載している三省堂の『模範六法』です（ハンディ版『模範小六法』ではなく、『模範六法』）。また、『模範六法』の優れているところは、後ろの方に手続にかかる費用に関する情報が掲載されていることです。民事訴訟等手数料一覧、手数料の基準となる訴訟物の価額の一般的算定基準・運用基準、登録免許税法概要・税率一覧、全国裁判所管轄区域表も掲載されています。さらに『模範六法』には、主要な法律の最初に目次の掲載があります。法律の全体構造が分かりますので、目次はとても重要です。まずは、章立てになっている目次で全体構造を押さえることです。そういう観点からも『模範六法』をお薦めしています。

　しかし、『模範六法』全部が常に必要というわけではありません。全部を持ち運ぶには重いですし、辛いものがあります。

　そこで、必要なところだけ切り取ることで私だけの六法、「マイ六法」を作ります。但し、欲しい法律のところから取るとばらばらになってしまいます。本というのは山と山を単にくっつけているだけなので、山が綺麗にきれているところからむくように取ります。作り方のコツは、背表紙とはりついている部分をむいて出てきた糸はハサミで切ります。また背表紙のノリには、あまいものとしっかりついているものとがあります。しっかりついているものは、かなり大変な作業になりますが、根気よく少しずつむきます。取り除いた部分の法律はもちろん要らないわけではなく、取り分けておきます。常に見るところだけ残し、あまり見ることのない法律は必要なときに見ることができるようにします。常に必要な部分だけを残して後は取り分けると、かなり薄くなります。また、よく使う民事訴訟関係の部分は、背表紙につけたままにせず、分冊にして挟んで使っても便利です。余った皮背表紙の部分は寄せて、ホチキスでとめます。そうすることで綺麗な「マイ六法」ができあがります。

## マイ六法の作り方

1. 用意するもの

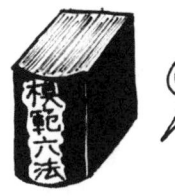

2. 六法の山を見分ける

本は山と山が
くっついてできているので、
山の分かれ目に注目する。

3. 山にそって本を背表紙から
   はがす!!

かなり力が
入ります。

4. 必要な部分だけとっておく。
   もしくは必要な部分を分冊
   にする。

5. 後はお好みでマイ六法を
   作り上げて下さい。

ひもを通してバラ
けないようにする。

付箋をつけて
分かりやすく!

6. 六法のカバーの余りは
   よせてホチキスでとめる
   とコンパクトになります。

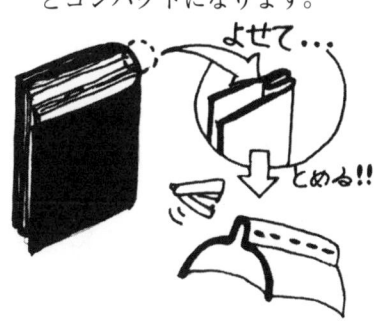

1 「マイ六法」を作ろう

「マイ六法」を作って、いつでも条文をひけるようにして下さい。六法は消耗品です。法改正もあり、最新のものである必要があり、また、常に携帯していると一年たつとボロボロになります。そのため、毎年、『模範六法』が出たときに、「マイ六法」を作ります。なお、『模範六法』購入時、中に挟まっている葉書は捨てずに、切手を貼って三省堂に送って下さい。法律はどんどん変わります。『模範六法』は発行時点の法律・規則です。この葉書を送っておくと、以降の法改正、新判例が掲載された追録を送ってもらうことができます。さらに、三省堂のホームページ上でも改正情報が更新されています。
　以下「マイ六法」のお勧めの分け方の例です。

憲法編　憲法の部　裁判法の部
　　　裁判所法　執行官法　公証人法　弁護士法　総合法律支援法
行政法編
　　　住民基本台帳法　滞納処分と強制執行等との手続の調整に関する法律
民法編
　　　民法　不動産登記法　利息制限法　供託法　戸籍法
民事訴訟法編
　　　民事訴訟法　人事訴訟法　民事執行法　民事保全法
　　　民事訴訟費用等に関する法律
　　　破産法　民事再生法　非訟事件手続法　民事調停法
　　　特定債務等の調整の促進のための特定調停に関する法律
　　　家事審判法
社会法編
　　　労働審判法
経済法編
　　　出資の受入れ、預り金及び金利等の取締りに関する法律、貸金業法
付録
　　　民事訴訟等手数料一覧　税法概要　登録免許税法概要　税率一覧
　　　全国裁判所管轄区域表

## 2. 法体系全体の中での各法律の位置づけ

　六法が分厚いことから分かるように法律はたくさんあります。いろいろな法律がある中での法律の体系、すなわち法体系全体の中での当該法律の位置づけがポイントとなります。

### (1) 実体法と手続法
　実体法というのは、例えば民法です。実体法の民法では権利・義務の発生・変更・消滅を規定しています。民法587条には、金銭の授受と返還約束があった場合に返還請求権・返還義務が発生すると規定されています。弁済すればこの請求権・義務は消滅します。権利というのは目に見えません。両当事者で争いもなく任意に履行してくれた場合は問題ありませんが、争いが起きた場合、その権利を実現するにはどうすればよいのでしょうか。民法414条に強制履行について規定されていますが、それを具体的にどうやって実現していくのかについて規定しているのが手続法です。

### (2) 手続法の全体構造
　実体法で「ある」はずの権利に争いが生じたとき、具体的にその権利を実現するにはどうすればよいのでしょうか。
　いきなり訴え提起するのではなく、まずは調停を起こす際に使われるのが民事調停法です。家事審判法・労働審判法もあります。調停等で協議が調わないで、訴え提起する場合は民事訴訟法・人事訴訟法を使います。これらの法律で目に見えない権利を裁判によって確定してもらいます。
　この権利の確定をする判決には三種類あります。
　第一に確認判決です。例として債務不存在確認判決があります。
　第二に形成判決です。例として離婚判決があります。
　判決のうち確認判決と形成判決は、判決が出て、確定すれば、権利が実現します。
　債務不存在確認判決が確定すれば、それで権利実現ですし、「離婚する」という判決が出て、確定すれば権利が実現します。ただ、その後、判決正本

と確定証明書を添付し、戸籍課に離婚届とともに提出する必要がありますが、これは権利実現の手続ではなく権利が実現したことの報告です。

　しかし、第三の給付判決という相手方に給付行為を求める判決は、例えば貸金請求事件の場合、そもそも貸したお金を任意に返してくれなかったので訴訟になったのですから、判決が出ただけでは権利はまだ実現していません。判決が出て任意の給付行為があれば、それで権利は実現しますが、判決が出ても、また、和解しても、任意の給付行為がないということも多々あります。

　そこで、その権利を実現するための手続について民事執行法が規定しています。

　ところで、権利実現の根拠になるものが判決だけとは限りません。裁判所だけではなく、公証役場が作成する執行証書もあります。予め、債務が履行できなかった場合に強制執行されても構わないという文言（執行認諾文言）を入れた執行証書を作っておくと、裁判手続を経ずに権利を実現することができます。判決や和解調書・調停調書・執行証書等を総称して債務名義といいます。また、担保権を予め設定しておくということもあります。債務者が弁済できなくなった場合は担保権のついた不動産を売却して、そこから回収することができます。つまり、これらは予防法務ということになります。民事執行法はこのように判決以外の執行証書や担保権に基づく権利の実現方法についても規定しており、メニューがたくさんあります。

　権利の確定には時間がかかるため、なるべく予防法務で執行証書を作っておくとか、担保権を設定しておくといいですが、必ずしもそれができるわけではないので、さらに、権利確定後の権利の実現が危うくなるような場合には、民事保全法を使って、権利を仮に確保し、そして権利を確定する手続を取ります。権利を仮に確保しておけば、権利の確定までに時間がかかっても、確定後、確保していたものに対して直ちに執行に入ることができます。

実体法　民　法　権利・義務の発生・変更・消滅を規定

手続法

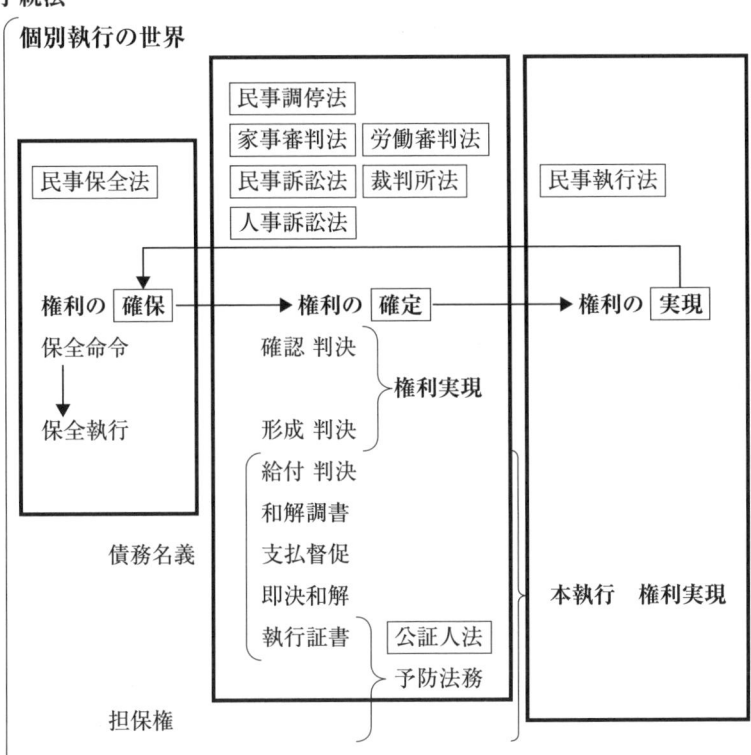

その他、各手続法と関わる法律　執行官法
　　　不動産登記法　　供　託　法　　総合法律支援法

**包括執行の世界**

再建型
- 特定債務等の調整の促進のための特定調停に関する法律
- 民事再生法
- 会社更生法

清算型
- 特別清算（会社法に規定）
- 破産法

2　法体系全体の中での各法律の位置づけ　11

これらの裁判上の手続の中で、不動産に「登記を入れる」ということがあります。

　権利の確保段階での仮差押や処分禁止仮処分の登記、権利の実現段階での本差押の登記等の嘱託登記、さらに判決や和解調書・調停調書による登記申請のため、不動産登記法も登場します。また、裁判上、裁判外で「供託する」ということもありますので、供託法も登場します。

　そして、今まで出てきた手続法の範囲では、それぞれの債権者が自分の権利を実現するために個別に頑張る世界です。つまり、安全・確実な取引を求める債権者は執行証書を作ったり、担保権を設定したりします。また裁判を起こす人もいるでしょうし、起こさない人もいるでしょう。裁判を起こしても執行しない人もいますし、一生懸命執行の対象となる財産を探す人もいるでしょう。様々な人たちが手続法を使って権利を実現する世界は、債権者それぞれが頑張ることから「個別執行の世界」といえます。

　これに対して、倒産法の世界は「包括執行の世界」といえます。債務者が破綻した場合に、それぞれの債権者の個別執行に委ねておかず、交通整理し、債務者の財産を調査、換価し、全債権者のために債権を確定、配当する手続について規定する破産法や、債務者の財産の調査、全債権者のための債権確定、再生計画作成、及び遂行の手続について規定する民事再生法等の法律があります。

## 3. 各手続にのせるポイントと申立後の手続の流れ

(1) 「誰が」・「誰に」、「どこに」、「何を」、「いくら」、「どうやって」
  ① 「誰が」・「誰に」は当事者の特定の問題です。
  ② 「どこに」は管轄の問題です。どこの裁判所に提出しなければいけないのかという管轄は法律で決まっています。
  ③ 「何を」というのは必要的添付書類のことです。
  ④ 「いくら」は費用の問題です。費用は権利実現をしようとしている依頼者にとって、とても重要なことです。あまりに費用がかかるようであれば、申立てをやめておこう、ということもあるかもしれません。どのくらい費用がかかるのかという点は手続選択の上でのポイントにもなります。
  ⑤ 最後に「どうやって」とは、申立要領のことです。申立要領は裁判所ごとに違うことがあります。「どこに、何を、いくら」は法律や規則で決まっていますが、「どうやって」、申立要領というのは各裁判所によって、また担当する専門部によって違うことがあります。このように裁判所によって申立要領が異なる可能性があるので、どこに出すのかという管轄の問題が重要になります。

これら全てを把握できれば、依頼者に用意していただく必要書類と依頼者にとって気になる費用とを知らせ、同時にこちらでも必要書類を取寄せ、訴え提起、申立てになります。

(2) 申立後の手続の流れ
  手続にのせたら、その後の手続の流れを把握することです。
  申立時の必要的添付書類や費用は申立後の手続に必要なので、申立時に準備をしておくのです。
  申立後、現在手続がどこにあるのかその位置づけを理解することもポイントとなります。
  手続の流れが分かれば、その中での対応も分かってきます。

## (3) 法律・規則の裏づけをとる

　これら添付書類や費用等細かいことは法律や規則に規定されていますので、その裏づけをとることも必要なことです。

　仕事では、手続の流れに従って法律事務手続処理の指示がくるわけではありません。基本構造を押さえておけば、指示された法律事務手続がどの位置にあるのか分かり、また、応用も効くはずです。そして、自分で文献や条文にあたれるようにもなるはずです。そういう応用が効く基本を押さえてください。

　以上のようなポイントをふまえて、各手続を見ていきます。

# 裁判書式と登記申請書式

## 1. 裁判書式の原理・原則

　裁判書式の場合、標題　年月日(但し、通常訴訟係属中の場合は口頭弁論期日を記載することもあります)　管轄裁判所　提出者　の順で記載、本文で目録を引用する形式を取ることが多く、当事者目録や物件目録を添付します。なお、頁数をつければ、契印は不要となりました。申立用収入印紙は枚数が少なければ、書面の標題の上部に貼りますが、多い場合、別紙に貼り、綴ります（民事訴訟費用等に関する法律8条本文）。但し、100万円を超える場合、現金で納付し、その領収証書を提出することができます（民事訴訟費用等に関する法律8条但書、民事訴訟費用等に関する規則4条）。

　書面の形式については、裁判所より、Ａ4縦置き横書片面、12ポイント、1行37文字、1頁26行、左余白30㎜、上余白35㎜と協力依頼がなされています。

　受付が完了すると、事件番号がつきます。事件番号を見れば裁判の種類が分かります。主なものは事件符号一覧のとおりです。

　以降、事件番号・事件名・当事者（原告　被告／控訴人　被控訴人／上告人　被上告人／上告受理申立人　相手方／債権者　債務者／申立人　相手方等）で事件を特定し、その事件に関する書面であることを書面の頭に記入します。本文には「頭書事件について」何をしたいのか書いていきます。また、複数当事者がいる場合、「誰について」何をしたいのか、事件の一部の場合、「どの部分について」何をしたいのかを特定することが必要になります。

## 事件符号一覧

| 事件 | 簡易裁判所 | 地方裁判所 | 高等裁判所 | 最高裁判所 | 事件 | 家庭裁判所 |
|---|---|---|---|---|---|---|
| 即決和解 | イ | | | | 家事審判 | 家 |
| 支払督促 | ロ | | | | 家事調停 | 家イ |
| 通常訴訟 | ハ | ワ | | | 雑 | 家ロ |
| 再審 | ニ | カ | ム | ヤ | 家事共助 | 家ハ |
| 公示催告 | ヘ | | | | 家事抗告 | 家ニ |
| 保全 | ト | ヨ | | | 人事訴訟 | 家ホ |
| 控訴（原審受理時） | ハレ | ワネ | | | 通常訴訟 | 家ヘ |
| 控訴 | | レ | ネ | | 控訴 | 家ト |
| 上告（原審受理時） | | レツ | ネオ | | 保全 | 家リ |
| 上告 | | | ツ | オ | | |
| 上告受理（原審受理時） | | | ネ受 | | | |
| 上告受理 | | | | 受 | | |
| 民事非訟 | | チ | | | | |
| 商事非訟 | | ヒ | | | | |
| 借地非訟 | 借 | 借チ | | | | |
| 民事一般調停 | ノ | ノ | | | | |
| 特定調停 | 特ノ | | | | | |
| 宅地建物調停 | ユ | ユ | | | | |
| 商事調停 | メ | メ | | | | |
| 交通調停 | 交 | 交 | | | | |
| 民事雑 | サ | モ | ウ | マ | | |
| 債権差押 | | ル | | | 事件 | 執行官室 |
| 配当 | | リ | | | 動産執行 | 執イ |
| 強制競売 | | ヌ | | | 不動産明渡等 | 執ロ |
| 担保不動産競売 | | ケ | | | | |
| 担保権に基づく債権差押 | | ナ | | | 保全執行 | 執ハ |
| 執行雑 | | ヲ | | | | |
| 財産開示 | | 財チ | | | | |
| 破産 | | フ | | | | |
| 民事再生 | | 再 | | | | |
| 小規模個人債務者再生 | | 再イ | | | | |
| 給与所得者再生 | | 再ロ | | | | |
| 会社更生 | | ミ | | | | |

## 2. 不動産登記申請書式の原理・原則

　不動産登記申請書式の場合、標題として「登記申請書」を掲げ、登記の目的　原因　権利者・義務者の表示　添付書類　提出年月日　管轄法務局　代理人の表示　登録免許税　物件の表示の順で記載、申請書が数頁にわたる場合、契印が必要となります。登記申請の場合、登記事項となる「登記の目的」「原因」「権利者・義務者の表示」等がまず最初にくるわけです。なお、登記申請は実体法上の権利変動の結果を登記にあらわすだけなので、裁判と異なり、双方代理が可能です（民法108条但書）。

　書面の形式については、Ａ４縦置き横書片面、上部に受付印を押す関係で余白をとります。

　登録免許税の額が３万円以下である場合、申請書の余白、又は別紙に収入印紙を貼り、綴ります。別紙にした場合、契印が必要となります。３万円を超える場合、原則として登録免許税納付の領収証書を別紙に貼り、綴ります（登録免許税法21条・22条・23条）。

## 3. 目録作成の原理・原則

### (1) 当事者目録と登記権利者・義務者目録

　裁判文書に添付する当事者目録には、申立人又は代理人の郵便番号及び電話番号・ファクシミリ番号を記載しなければなりません（規則53条４項）。また、当事者又は代理人は送達を受けるべき場所の届出を書面でしなくてはならず（規則41条１項）、その届出は申立書に記載してしなければなりませんが（同規則41条２項）、住所に「（送達場所）」と付記することで足ります。当事者が法人の場合、その資格・氏名も記載し、資格を証する書面を添付します。これに対して、不動産仮差押・仮処分、競売による差押等、手続上登記嘱託を要する場合に裁判所より提出協力を求められることのある登記権利者・義務者目録は登記嘱託書に綴る（登記事項のみの記載）ものですから、代理人の表示も郵便番号及び電話番号・ファクシミリ番号も、また、当事者

が法人の場合でも、その資格・氏名も記載する必要はありません。

### (2) 物件目録

　不動産登記申請の場合、不動産登記番号があれば、その記載のみで足りる扱いですが、番号のみですと、一桁でも誤記があると全く別の不動産についての登記申請となってしまうので、当面、今までとおりの表記をしています。物件目録については原則、裁判文書も不動産登記申請書も同様です。登記事項証明書に従って、土地であれば、不動産番号・所在・地番・地目・地積で特定し、建物であれば、不動産番号・所在・家屋番号・種類・構造・床面積で特定します。敷地権付区分所有建物であれば、一棟の建物の表示として、建物の名称があれば、所在・建物の名称のみで足り、専有部分の建物の表示として、不動産番号・家屋番号・建物の名称・種類・構造・床面積で特定し、かつ、敷地権の表示として、所在及び地番・地目・地積・敷地権の種類・敷地権の割合で特定します。

# 第2章

# 法務局実務－不動産登記・供託手続

1. 総論
2. 不動産登記の実務
3. 不動産登記申請
4. 供託申請手続総論
5. 供託申請手続各論
6. 供託払渡請求手続総論
7. 供託払渡請求手続各論
8. 閲覧・証明申請手続

# 1. 総論

実体法　│民　法│　権利・義務の発生・変更・消滅を規定　　不動産登記申請
手続法
┌個別執行の世界　│民事調停法│
│　　　　　　　　│家事審判法│　│労働審判法│
│　│民事保全法│　│民事訴訟法│　│裁判所法│　　　　　│民事執行法│
│　　　　　　　　│人事訴訟法│
│　　　　　　　　執行停止の供託
│
│　権利の│確保│　→　権利の│確定│　──────→　権利の│実現│
│　供託→保全命令　　　確認 判決
│　　　　　　　　　　　　　　　　┐権利実現
│　　　　↓　　　　　　形成 判決　┘
│　　保全執行
│　仮差押登記嘱託　　　給付 判決
│　仮処分登記嘱託　　　和解調書
│　債務者の供託　　　　支払督促　　　　　　　　→本執行　権利実現
│　第三債務者の供託　　即決和解　　　　　　　　　不動産競売
│　　　　　　　担保権　　　　　　　　　　　　　　　　差押登記嘱託
│　　　　　　　　　　　執行証書　│公証人法│　　　　不動産登記申請
│　　　　　　　　　　　　　　　　予防法務　　　　　　第三債務者の供託
│　　　　担保権
│　その他、各手続法と関わる法律　│執 行 官 法│
│　　　　　　│不動産登記法│　　│供　託　法│　　│総合法律支援法│
└包括執行の世界
　　　┌　　┌│特定債務等の調整の促進のための特定調停に関する法律│
　　　│再建型│民事再生法│
　　　│　　└│会社更生法│
　　　│清算型┌│特別清算（会社法に規定）│
　　　　　　 └│破　産　法│

## 2. 不動産登記の実務

(以下、不動産登記法を「法」、不動産登記令を「令」、不動産登記規則を「規則」といいます。)

### (1) 不動産登記法の目的
　不動産の表示及び不動産に関する権利を公示するための登記に関する制度について定めることにより、国民の権利の保全を図り、取引の安全と円滑に資することを目的としています（法1条、3条）。
不動産登記簿には、以下のものがあります（法2条9号、5号）。
　① 磁気ディスクで登記記録として登記すべき事項（登記事項）が記録されたもの
　② 紙の登記用紙に登記事項が書き込まれたもの

### (2) 登記記録の作成
　表題部と権利部に区分して作成されます（法12条）。
1) 表題部
　① 土地の表示に関する登記事項（法34条）
　　　所在　地番　地目　地積
　　物件目録はこれらの事項を記載し、土地の特定をします。
　② 建物の表示に関する登記事項（法44条）
　　　所在　家屋番号　種類　構造　床面積
　　物件目録はこれらの事項を記載し、建物の特定をします。なお、区分所有建物の場合、一棟の建物全体の表示と区分所有の対象となる専有部分の表示を記載し、特定をします。一棟の「建物の名称」（ビル名・マンション名）がある場合の一棟の建物の表示は、「所在」と「建物の名称」のみの記載で足り、「構造」及び全階の「床面積」の記載は省略できます。
　　敷地権（区分所有者の有する占有部分と分離して処分することができない敷地利用権）の登記が入っている場合、敷地権の表示も記載しなければなりません。　　　　　　　　　　　　　　　　　　　　　　(2-19)
2) 権利部

甲区　所有権に関する登記
乙区　所有権以外に関する登記　抵当権、根抵当権等　　　　　　（1-50）

◆敷地権の登記の入った区分所有建物の登記事項証明書

| 専有部分の家屋番号 | 105-28-101　105-28-201～105-28-203　105-28-301～105-28-303　105-28-401～105-28-403　105-28-501～105-28-503　105-28-601～105-28-603　105-28-701～105-28-703　105-28-801～105-28-803　105-28-901～105-28-903　105-28-1001～105-28-1003　105-28-1101～105-28-1103 | | | | | |
|---|---|---|---|---|---|---|
| 表　題　部 | （一棟の建物の表示） | | | 調　整 | 余白 | 所在図番号　余白 |
| 所　在 | 中央区日本橋人形町三丁目　105番地28、105番地29 | | | | 余白 | |
| 建物の名称 | スタジオ人形町 | | | | 余白 | |
| ①構　造 | | ②床　面　積　㎡ | | | 原因及びその日付[登記の日付] | |
| 鉄筋コンクリート造陸屋根11階建 | | 1階　127:47<br>2階　178:95<br>3階　178:95<br>4階　178:95<br>5階　178:95<br>6階　178:95<br>7階　178:95<br>8階　178:95<br>9階　178:95<br>10階　178:95<br>11階　178:95 | | | ［平成14年5月17日］ | |
| 表　題　部 | （敷地権の目的である土地の表示） | | | | | |
| ①土地の符号 | ②所在及び地番 | | ③地　目 | ④地　積　㎡ | 登　記　の　日　付 | |
| 1 | 中央区日本橋人形町三丁目105番28 | | 宅地 | 124:47 | 平成14年5月17日 | |
| 2 | 中央区日本橋人形町三丁目105番29 | | 宅地 | 125:11 | 平成14年5月17日 | |
| 表　題　部 | （専有部分の建物の表示） | | | | 不動産番号 | 0100000012345 |
| 家屋番号 | 中央区日本橋人形町三丁目105番28の702 | | | | 余白 | |
| 建物の名称 | 702 | | | | 余白 | |
| ①種類 | ②構造 | | ③床面積　㎡ | | 原因及びその日付[登記の日付] | |
| 居宅 | 鉄筋コンクリート造1階建 | | 7階部分　　50:10 | | 平成14年4月27日新築<br>［平成14年5月17日］ | |
| 表　題　部 | （敷地権の表示） | | | | | |
| ①土地の符号 | ②敷地権の種類 | | ③敷　地　権　の　割　合 | | 原因及びその日付[登記の日付] | |
| 1・2 | 所有権 | | 142560分の5298 | | 平成14年4月27日敷地権<br>［平成14年5月17日］ | |
| 【所有者】 | 大阪市北区梅田一丁目1番1号　株式会社　バラリエステート | | | | | |

| 権　利　部 | （甲　区） | （所有権に関する事項） | |
|---|---|---|---|
| 順位番号 | 登　記　の　目　的 | 受付年月日・受付番号 | 権利者その他の事項 |
| 1 | 所有権保存 | 平成14年5月30日<br>第16347号 | 原因　平成14年5月18日売買<br>所有者<br>東京都中央区日本橋人形町三丁目3番3-702号<br>横　　恵 |

| 権　利　部 | （乙　区） | （所有権以外の権利に関する事項） | |
|---|---|---|---|
| 順位番号 | 登　記　の　目　的 | 受付年月日・受付番号 | 権利者その他の事項 |
| 1 | 抵当権設定 | 平成14年5月30日<br>第16348号 | 原因　平成14年5月18日金銭消費貸借の同日設定<br>債権額　　金3,000万円<br>利　息　　年1.6%<br>損害金　　年14.5%（年365日日割計算）<br>債務者<br>東京都中央区日本橋人形町三丁目3番3-702号<br>横　　恵<br>抵当権者　東京都港区三田五丁目5番5号<br>バラリ信用金庫 |
| 2 | 抵当権設定 | 平成17年3月18日<br>第15918号 | 原因　平成17年3月18日保証委託契約による求償債権同日設定<br>債権額　　金1,700万円<br>損害金　　年14%（年365日日割計算）<br>債務者<br>東京都中央区日本橋人形町三丁目3番3-702号<br>横　　恵<br>抵当権者　東京都千代田区大手町七丁目7番7号<br>バラリ信用保証会社 |
| 3 | 根抵当権設定 | 平成21年8月31日<br>第36141号 | 原因　平成21年8月31日設定<br>極度額　　金2,160万円<br>債権の範囲　銀行取引　手形債権　小切手債権<br>債務者<br>東京都中央区日本橋人形町三丁目3番3-702号<br>横　　恵<br>根抵当権者　東京都中央区日本橋六丁目6番6号<br>バラリ信託銀行株式会社 |

＊下線のあるものは抹消事項であることを示す

◆建物の名称、敷地権の登記が入っている場合

物 件 目 録

（一棟の建物の表示）
　所　　在　　中央区日本橋人形町三丁目105番地28、105番地29
　建物の名称　　スタジオ人形町
（専有部分の建物の表示）
　家屋番号　　中央区日本橋人形町三丁目105番28の702
　建物の名称　　702
　種　　類　　居　宅
　構　　造　　鉄筋コンクリート造1階建
　床 面 積　　7階部分　50.10平方メートル
（敷地権の表示）
　所在及び地番　中央区日本橋人形町三丁目105番28
　地　　目　　宅　地
　地　　積　　124.47平方メートル
　敷地権の種類　所有権
　敷地権の割合　142560分の5298

　所在及び地番　中央区日本橋人形町三丁目105番29
　地　　目　　宅　地
　地　　積　　125.11平方メートル
　敷地権の種類　所有権
　敷地権の割合　142560分の5298

◆建物の名称、敷地権の登記が入っていない場合

物 件 目 録

(一棟の建物の表示)
　　所　　在　　中央区日本橋人形町三丁目105番地28、105番地29
　　構　　造　　鉄筋コンクリート造陸屋根11階建
　　床 面 積　　1　階　　127.47平方メートル
　　　　　　　　2　階　　178.95平方メートル
　　　　　　　　　〻
　　　　　　　　11　階　　178.95平方メートル
(専有部分の建物の表示)
　　家 屋 番 号　　中央区日本橋人形町三丁目105番28の702
　　建物の名称　　702
　　種　　類　　居　宅
　　構　　造　　鉄筋コンクリート造1階建
　　床 面 積　　7階部分　　50.10平方メートル


　　所　　在　　中央区日本橋人形町三丁目
　　地　　番　　105番28
　　地　　目　　宅　地
　　地　　積　　124.47平方メートル
　　　持　分　　142560分の5298


　　所　　在　　中央区日本橋人形町三丁目
　　地　　番　　105番29
　　地　　目　　宅　地
　　地　　積　　125.11平方メートル
　　　持　分　　142560分の5298

### (3) 登記した権利の順位

登記の前後によります（法4条1項）。登記には、主登記と付記登記があります（法4条2項、規則3条）。

1) 主登記

付記登記の対象となる既にされた権利に関する登記をいいます。

2) 付記登記

既にされた権利に関する登記についての変更、更正の登記、所有権以外の権利の移転、保存等、既にされた権利と一体のものとして公示する必要があるものをいいます。

### (4) 登記手続

登記は、当事者の申請又は官庁若しくは公署の嘱託により入ります（法16条1項）。

### (5) その他の情報書類

1) 閉鎖登記簿
   ① 合筆・区画整理で地番が消滅した場合
   ② 滅失登記された建物の場合
   ③ コンピュータ化前の紙の登記簿
   ④ コンピュータ化前に登記用紙の枚数が多くなったり、登記用紙が破損し、新しい登記用紙に移記された場合の従来の登記簿
2) 共同担保目録
3) 不動産登記法14条の地図
4) 地図に準ずる公図
5) 地積測量図
6) 建物図面（令2条5号）・各階平面図（令2条6号）
7) 登記申請情報・添付情報
8) 各情報書類の保存期間が延長されました（規則28条）。

(6) 取寄せ方法（法119条～122条）

　何人も、手数料を納付して登記事項証明書等の交付を申請することができます。手数料の納付は収入印紙で納付することになりました（法119条4項）。当面、登記印紙も収入印紙と共に使用することはできます。

　手数料は下記のとおり、減額されました。

1) インターネット登記情報提供サービス　8：30～21：00
　　http://www1.touki.or.jp/

| 全部事項情報提供 | 397円 |
| --- | --- |
| 地図・土地所在図等の提供 | 427円 |

2) 登記情報交換サービス　最寄りの法務局で情報提供を受けられます。
　① 郵送で請求する場合

| 全部事項証明書 | 700円 |
| --- | --- |
| 地図・土地所在図等情報 | 500円 |

　② オンラインで請求が利用しやすくなりました。
　　かんたん証明書請求　http://www.touki-kyoutaku-net.moj.go.jp/

| 全部事項証明書 | 570円 |
| --- | --- |
| 地図・土地所在図等情報 | 500円 |

　なお、登記事項証明書1通が50枚を超える場合は、超える枚数50枚毎に100円加算となりました。

## 3. 不動産登記申請

### (1) 権利に関する登記申請

　物権の権利変動は当事者の意思表示のみにより、その効力を生じます（民法176条）が、不動産に関する権利変動を第三者にも主張するには不動産登記が必要です（民法177条）。
　不動産登記申請は原則、登記により利益を受ける登記権利者（法2条12号）と登記により不利益を受ける登記義務者（法2条13号）の共同申請によりなされます（法60条）が、裁判手続と異なり、登記申請によって新たな権利関係が創設されるわけではありませんので、双方代理が可能ですし、相手方の代理人となることも可能です（民法108条但書）。

### (2) 単独申請

　単独申請できるのは、判決による登記・相続登記・登記名義人表示変更・更正などの登記です。これらは、共同申請をとらなくても、債務名義・相続証明書・変更・更正証明書で登記の真正が担保されるので単独申請できます。

### (3) 嘱託登記

　登記所以外の官公署（裁判所など）の求めによってされる登記をいいます。法律事務に関連する嘱託登記には保全命令に伴う「仮差押」「処分禁止仮処分」の登記、競売開始決定による「差押」登記などがあります。これらの場合、またこれらの取下げに伴い抹消登記する場合等、登記権利者・義務者目録及び物件目録、登記所用往復郵券、登録免許税用の収入印紙等の提出を求められますが、これは裁判所から登記所へ登記嘱託をするために必要となるものです。登記権利者・義務者目録の表示は、仮差押・仮処分・差押債権者が登記権利者で、債務者が登記義務者となり、これらの抹消の場合は、逆になります。それぞれ住所（本店所在地）と氏名（名称）のみを記載します。法人の場合、裁判文書と異なり、代表者の表示はしません。
　通常、裁判所より、保全決定・競売開始決定正本と共に登記嘱託書が登記所に郵送されることにより「仮差押」「処分禁止仮処分」「差押」等の登記が

入ります。登録免許税用収入印紙等はこの登記嘱託書に貼るものですから、どこにも貼らずにそのまま裁判所に提出します。裁判所によっては、申立債権者が郵便の代わりに登記嘱託書を登記所に持ち込むことが認められています。この場合、決定正本と共に登記嘱託書も受領します。特に、保全の場合は、急を要しますので、この方法によることができないか確認して、決定が出たと同時に登記所へ持ち込むこともあります。競売開始決定による差押登記の場合は、保全の場合ほど急を要しませんので、申出がない限り郵送で嘱託します。

　以上のように嘱託登記を伴う申立ての場合は、登記用の目録・郵券・登録免許税が必要となります。

　保全や競売の取下げの場合にも、原則として「仮差押」「仮処分」「差押」などの登記を抹消する必要があり、申立てと同様に目録・郵券・登録免許税が必要となります。なお、敷地権の登記がなされているマンションの場合、建物の他に敷地権の目的たる土地の分の抹消登記のための登録免許税も必要になります。

## (4) 登記申請

不動産を識別するために必要な事項、申請人の氏名又は名称、登記の目的その他政令で定める情報を提出してしなければなりません（法18条、令3条、法59条）。

① 登記の目的
② 登記原因及び日付

　登記原因とは、登記する不動産に関する権利又は不動産の表示若しくは登記名義人の表示の原因となる法律行為又は法律事実をいいます。その日付とは、法律行為その他の法律事実の成立した日を意味します。

③ 登記に係る権利者の氏名、名称及び住所、登記名義人が2人以上の場合、持分を記載します。単独申請の場合、（申請人）と入れます。
④ 登記に係る義務者の氏名、名称及び住所を記載します。
⑤ 添付書類を概括的に記載します。通数も不要です。
⑥ 送付の方法により登記識別情報を記載した書面の交付を求める場合、その旨及び送付先を記載します。
⑦ 登記の申請書を登記所に提出する日及び申請書を提出する管轄登記所（不動産所在地の管轄登記所）を記載します。
⑧ 代理人の事務所所在地、氏名を記載します。
⑨ 連絡先電話番号を記載します。
⑩ 課税価格

　課税標準金額によって登録免許税を算定する場合には、申請書に課税価格を記載します。

⑪ 登録免許税額を記載します。
⑫ 不動産の表示を記載します。

## (5) 書面申請

字画を明確にし、申請書の記載事項を訂正、加入、削除する場合には、文字の前後に括弧を付し、その文字数を欄外に記載し、押印、もしくは、加入・削除した部分への押印の必要があります。削除された文字は読めるようにしておく必要があります（規則45条）。申請書が2枚以上であるときは、各用紙のつづり目に契印の必要があります（規則46条）。

登 記 申 請 書

① 登記の目的　　所有権移転
② 原　　　因　　年 月 日売買
③ 権　利　者
④ 義　務　者

⑤ 添 付 書 類

⑥ 送付の方法により登記識別情報通知の交付を希望する。
　　送付先　申請代理人の下記事務所

⑦ 　年 月 日 申　請　　　　法務局
⑧ 代理人
　　　　　　　　　　　　　弁護士　　　　印
　　　　　　⑨ 連絡先電話番号

⑩ 課 税 価 格　　　　　円
⑪ 登録免許税　　　　　　円

⑫ 物件の表示

## (6) 不動産登記申請手続

1) どこに（管轄）

　不動産を管轄する法務局

2) 何を（必要的添付書類）　　　　　　　　　　　　　　　　　(1-51、2-21)

　① 登記原因証明情報（法61条）

　　Ⅰ　共同申請（法60条、62条）の場合、登記原因証明情報を作成する必要があります。

　　Ⅱ　単独申請（法63条、64条）の場合、下記添付書類が登記原因証明情報となります（令7条5項ロ）。

　　　ⅰ　判決　→　判決正本及び確定証明書
　　　ⅱ　和解・調停　→　和解調書正本・調停調書正本
　　　ⅲ　相続　→　相続証明書
　　　ⅳ　登記名義人表示の変更→戸籍、住民票

　② 登記権利者及び登記義務者が共同申請する場合、登記義務者の登記済証又は登記識別情報が必要となります（法22条、規則61条）。登記済証又は登記識別情報を提供することができない場合は、事前通知（法23条1項、2項）又は有資格者ないし公証人による本人確認が必要となります（法23条4項）。

③ 所有権に関する登記名義人が登記義務者として登記申請する場合、作成後３ヶ月以内の登記義務者の印鑑証明書が必要となります（令16条２項、３項）。
④ 所有権移転登記の場合、登記権利者の住所証明書が必要となります（令別表30項添付情報ロ）。
⑤ 資格証明情報（令７条１項１号）。
　Ⅰ　申請人が法人である場合は、代表者の資格を証する情報
　Ⅱ　代理人によって登記申請する場合は、代理人の権限を証する情報
⑥ 代理権限証明情報（令７条１項２号）

3）　いくら（費用）

登記を受ける者が登録免許税の納税義務者となります。単独申請の場合には申請人、共同申請の場合には登記義務者と登記権利者が連帯して納税義務者となります。

① 定率課税の場合

　不動産の固定資産評価額が基準となる場合と、債権金額又は極度金額（元本・利息及び損害金が確定しているときはその合計額、根抵当権実行による差押の場合は極度額を上限）が基準となる場合があります。

　不動産の固定資産評価額が基準となる場合で、非課税物件の場合には、近隣不動産の固定資産評価証明書を添付し、100分の30を乗じた金額となります。

　この場合の課税標準額は登記申請時の不動産の固定資産評価額が基準となります。登記原因の発生時ではありません。

　課税標準額に1,000円未満の端数がある場合には、1,000円未満の端数を切り捨てます。数個の不動産の所有権移転登記を同一の申請書により申請する場合には、数個の不動産それぞれの課税標準額を切り捨てずに合計した後に、1,000円未満を切り捨てます。この場合、各不動産の表示の末尾に各不動産の価額を１円単位まで記載します。

　登録免許税を計算した金額が1,000円未満の場合には、登録免許税は1,000円となります。登録免許税に100円未満の端数がある場合には、100円未満は切り捨てます。

| 種類 | 課税標準額 | 税率 | |
|---|---|---|---|
| | | 本則 | 特例 |
| 所有権移転 | 不動産の価額<br>(固定資産評価額) | | |
| 相続、法人の合併 | | 4/1000 | |
| 共有物分割 | | 4/1000 | |
| その他 | | 20/1000 | 土地の売買<br>24年3月31日まで<br>13/1000<br>25年3月31日まで<br>15/1000 |
| 強制競売、担保不動産競売 | 債権金額<br>極度金額 | 4/1000 | |
| 仮差押 | 債権金額 | 4/1000 | |
| 所有権の処分禁止仮処分 | 不動産の価額<br>(固定資産評価額) | 4/1000 | |

Ⅰ 競売開始決定による差押、仮差押の場合、担保権の処分禁止仮処分の場合

　　元　本　　57,166,854円
　　損害金　　5,754,586円
　　合　計　　62,921,440円　→　62,921,000円（課税標準額）
　　62,921,000÷1000×4＝251,684円　→　251,600円（税額）

Ⅱ 所有権の処分禁止仮処分の場合

　　不動産の価額
　　　建物の固定資産評価額　1,234,567円
　　　土地の固定資産評価額　20,481,540円
　　　　　合　計　21,716,107円　→　21,716,000円
（課税標準額）
21,716,000円÷1000×4＝86,864円　→　86,800円（税額）

Ⅲ　税額軽減の扱い

　登録免許税法第13条２項「同一の債権のために数個の不動産等に関する権利を目的とする抵当権等の設定登記を受ける場合において、当該設定登記の申請が最初の申請以外のものであるときは、……当該設定登記に係る不動産等に関する権利の件数１件につき1,500円とする。」の類推適用が認められる場合があります。例えば、複数の登記所管轄の土地に競売による差押の登記を入れる場合、１箇所の登記所で1000分の４の額の登録免許税を納めれば、他の登記所では物件１件について1,500円の納付で足ります。更に、時期を異に、また、別の管轄の裁判所に申立てた場合も、先に申立てをした裁判所で差押登記済の証明書を出してもらえば、同様に物件１件について1,500円の納付で足ります。

　競売の差押の登記を入れる場合と同様に仮差押の登記を入れる場合にも類推適用が認められます。但し、処分禁止の仮処分の場合は認められていません。例えば、（根）抵当権の処分禁止の仮処分、（根）抵当権設定仮登記の仮登記上の権利の処分禁止の仮処分や（根）抵当権設定登記請求権を保全するための保全仮登記を併用する処分禁止の仮処分などが数個の不動産にわたる場合については、登録免許税法第13条２項の類推適用が認められていませんので、各登記所について、債権額（極度額）に1000分の４を乗じた額の納付となります。

　以上をまとめると、複数の登記所に対する（強制）競売開始決定による差押、仮差押の場合の請求債権が同一の場合には、最初の登記所で1000分の４、他の登記所ではそれぞれ1,500円×不動産の個数、担保権の処分禁止仮処分の場合には、各登記所ごとに登記簿上の債権額（又は極度額）の1000分の４ずつ（又は各登記所ごとに不動産の価額の合計額の1000分の４ずつ）の登録免許税を納める必要があります。

② 定額課税の場合

抹消、登記名義人住所・氏名の変更・更正の場合

不動産１個につき、1,000円

抹消について、20個以上は同一申請であれば20,000円となります。

4) どうやって（申請要領）
   ① 登記申請書作成
   ② 委任状作成
   ③ 登録免許税を計算し、委任状と共に請求書送付
   ④ 必要書類を依頼者から受領、その他取寄せ
   ⑤ 出頭・郵送・オンライン
   Ⅰ 登記識別情報は、登記識別情報を提供する申請人の氏名又は名称及び登記の目的、登記識別情報を記載した書面が在中する旨を明記した封筒に入れて封をして提出します。
   　登記識別情報を記載した書面を送付の方法により申請人等の住所に交付を求める場合、自然人、法人の代表者であれば、本人限定受取郵便（規則63条4項1号）、法人の場合、代理人の事務所の場合は、書留郵便（規則63条4項2号、5項2号）の郵券を貼付した返信用封筒を同封します（規則63条6項、7項）。
   Ⅱ 書面申請した申請人は、印鑑証明書及び委任状以外の申請書の添付書面の原本の還付を請求することができます（規則55条1項）。この場合、原本と相違ない旨を記載した原本の写しを提出すれば、登記完了後、原本の還付を受けることができます。
   　なお、相続証明書の場合、「相続関係説明図」提出により、申請書に添付した登記原因証明情報（戸籍謄本、除籍謄本等）の原本が還付されます。

委 任 状

　私は、弁護士　　　　　　に、次の権限を委任します。
1　下記の登記に関し、登記申請書を作成すること及び当該登記の申請に必要な書面と共に登記申請書を管轄登記所に提出すること
2　登記が完了した後に通知される登記識別情報通知書及び登記完了証を受領すること
3　登記申請に不備がある場合に当該登記の申請を取下げ又は補正すること
4　復代理人選任の権限
5　上記1から4までの他、下記の登記の申請に関し必要な一切の権限

　　　　　　　　　　　　年　　月　　日

　　　　　　　　　　住所
　　　　　　　　　　氏名　　　　　　　　　　印

　　　　　　　　　　記

登記の目的　　所有権移転
原　　　因　　年月日売買
権　利　者
義　務　者


不動産の表示

◆共同申請の場合

---

登 記 申 請 書

登記の目的　　所有権移転
原　　　因　　年 月 日売買
権　利　者
義　務　者
添付書類　　登記原因証明情報　登記識別情報　印鑑証明書
　　　　　　住所証明書　代理権限証書　固定資産評価証明書

□ 登記識別情報の通知を希望しません。
☑ 送付の方法により登記識別情報通知の交付を希望する。
　　送付先　申請代理人の下記事務所

　年 月 日 申 請　　法務局

代理人
　　　　　　　　弁護士　　　　　　　　　印
　　　　　　　　連絡先電話番号

課税価額　　　　　　円
登録免許税　　　　　円

不動産の表示

---

　遺贈の場合は共同申請となります。遺言執行者がいない場合は、相続人全員が義務者、遺言執行者がいる場合は、遺言執行者が義務者となります。

3　不動産登記申請　37

◆単独申請の場合 − 判決による場合

登 記 申 請 書

登記の目的　　所有権移転
原　　　因　　　年　月　日財産分与
権　利　者
（申請人）
義　務　者
添付書類　　登記原因証明情報（判決正本　確定証明書）
　　　　　　住所証明書　代理権限証書　固定資産評価証明書
☐　登記識別情報の通知を希望しません。
☑　送付の方法により登記識別情報通知の交付を希望する。
　　送付先　申請代理人の下記事務所
　　　年　月　日申請　　　　法務局
代理人
　　　　　　　　　　　弁護士　　　　　　　　　　印
　　　　　　　　　　　連絡先電話番号


課税価額　　　　　　円
登録免許税　　　　　円


不動産の表示

　判決確定時に登記義務者の登記申請意思表示が擬制されるので、原則執行文付与・送達証明書は不要ですが、確定証明書が必要となります。
　和解・調停成立の場合は、和解・調停成立時に登記申請意思表示が擬制されるので、和解調書正本・調停調書正本が必要となります。
　なお、原因日付は判決主文によりますが、財産分与については、離婚による財産の清算なので、判決確定日になります。

◆単独申請の場合－相続による場合

　　　　　　　　　登　記　申　請　書

登記の目的　　所有権移転
原　　　因　　　年　月　日相続
相　続　人　（被相続人　　　　　）
　　　　　　持分

　　　　　　持分

添付書類　登記原因証明情報（相続証明書）　住所証明書
　　　　　代理権限証書　固定資産評価証明書

☐　登記識別情報の通知を希望しません。
☑　送付の方法により登記識別情報通知の交付を希望する。
　　送付先　申請代理人の下記事務所

　年　月　日申請　　　法務局

代理人
　　　　　　　　　弁護士　　　　　　　　　印
　　　　　　　　　連絡先電話番号


課税価額　　　　　　円
登録免許税　　　　　円

不動産の表示

3　不動産登記申請　　39

共同相続の場合は持分の記載もします。
戸籍の範囲は下記のとおりとなります。
① 法定相続分による場合、遺産分割協議書による場合、他に相続人なきことの証明まで必要となります。
② 自筆証書遺言による場合、家庭裁判所の検認手続が必要（検認手続のために他に相続人なきことの証明まで必要）となります。
③ 公正証書遺言による場合、被相続人の死亡を証する戸籍と権利を取得する相続人の現在の戸籍のみで足ります。
④ 家庭裁判所の審判書正本・調停調書正本による場合、審判書正本、同確定証明書・調停調書正本のみで足り、戸籍等は不要です。

なお、不動産登記事項証明書上の住所地と被相続人の本籍地の繋がりを証明するために、本籍地記載の除かれた住民票の添付も必要となります。但し、死亡時の住所地と本籍地とが一致する場合は不要です。
また、不動産登記事項証明書上の住所地と死亡時の住所地が異なる場合は、登記時から現在に至るまでの被相続人の住所証明書が必要になります。但し、除かれた住民票や戸籍の附票が保存期間経過で取寄せできない場合は登記済証、不在住・不在籍証明添付で代替可能です。

◆単独申請の場合－登記名義人住所氏名変更更正の場合

登 記 申 請 書

登記の目的　　　登記名義人住所変更
原　　因　　　　年　月　日住所移転
変更後の事項　　住所
申　請　人

添 付 書 類　　登記原因証明情報（住民票）　代理権限証書

　　年 月 日 申 請　　　法務局

代理人
　　　　　　　　　　弁護士　　　　　　　　　印
　　　　　　　　　　連絡先電話番号

登録免許税　　　　円

不動産の表示

登録免許税は定額課税になります。
不動産の個数1個につき1,000円

◆代位登記申請の場合－登記名義人住所氏名変更更正

---

登 記 申 請 書

登記の目的　　登記名義人住所変更
原　　　因　　　年　月　日住所移転
変更後の事項　住所
被 代 位 者
代 位 者
代 位 原 因　　　年　月　日所有権移転登記請求権

添 付 書 類　　登記原因証明情報（住民票）
　　　　　　　代位原因証書（判決正本　確定証明書）
　　　　　　　代理権限証書

　　年　月　日　申　請　　　　法務局

代理人
　　　　　　　　　　　　弁護士　　　　　　　　　　印
　　　　　　　　　　　　連絡先電話番号

登録免許税　　　　　　円

不動産の表示

---

登録免許税は定額課税になります。
不動産の個数1個につき1,000円

◆代位登記申請の場合－相続を原因とする所有権移転

登 記 申 請 書

登記の目的　　　所有権移転
原　　　因　　　年　月　日相続
相 続 人（被相続人　　　）
（被代位者）　　持分
　　　　　　　　持分
代 位 者
代位原因　　　　年　月　日貸金返還請求権の強制執行　又は
　　　　　　　　年　月　日設定の抵当権の実行による競売

添 付 書 類　　添付書類　登記原因証明情報（相続証明書）
　　　　　　　　住所証明書　代位原因証書　代理権限証書
　　　　　　　　固定資産評価証明書
　　年　月　日　申　請　　法務局

代理人
　　　　　　　　　　　弁護士　　　　　　　　　印
　　　　　　　　　　　連絡先電話番号

課税価額　　　　　　円
登録免許税　　　　　円
不動産の表示

　強制競売の場合は、承継執行文付債務名義正本を代位原因証書として代位登記申請し、債務者と不動産所有者を一致させ、強制競売の申立てをします。担保不動産競売の場合は、競売申立て後、受理証明書を代位原因証書として代位登記申請します。

**参考書籍**
『司法書士　法務アシスト読本』
　　大崎晴由著　民事法研究会　3,800円＋税
『読解　不動産登記Q&A　登記簿・公図から権利証までの読み方』
　　杉本幸雄・飯川洋一・小澤正徳著　清文社　2,800円＋税
『新不動産登記の実務と書式』
　　司法書士登記実務研究会編　民事法研究会　4,000円＋税
『設問解説　実務家のための相続法と登記』
　　幸良秋夫著　日本加除出版　4,600円＋税
『設問解説　判決による登記』
　　幸良秋夫著　日本加除出版　4,000円＋税

## 4. 供託申請手続総論

（以下、供託法を「法」、供託規則を「規則」といいます。）

### (1) 意義
　供託とは、ある財産を供託所に提出してその管理に委ね、最終的にはその財産をある人に受領させることにより、一定の法律上の目的を達成させる手段のことをいいます。供託の目的物を「供託物」、供託を申請する者を「供託者」、供託される相手方を「被供託者」といいます。

### (2) 供託の種類
　供託には大きく分けて、弁済供託・保証供託・執行供託があります。
1) 　弁済供託とは、債務者若しくは第三者が債務の目的物を供託することにより、債務を消滅させることを目的とする供託をいいます。代表例としては家賃や地代の供託があります。
2) 　保証供託とは、特定の相手方に供託物についての一種の優先弁済権を与えることによって、債務ないし損害の担保の機能を達しようとする供託をいいます。保証供託には営業保証供託と裁判上の保証供託があります。
　① 　営業保証供託
　　　取引の相手方が不特定多数であり、取引が広範で頻繁に行なわれる営業について、その営業上の取引によって損害を被った相手方を保護するために相手方の損害を担保することを目的として行なわれる供託です。宅地建物取引業法による供託や、旅行業法による供託があります。
　② 　裁判上の保証供託
　　　当事者の訴訟行為や裁判所の処分によって、相手方に生じうる損害を担保する供託です。
　　Ⅰ 　民事訴訟法上の保証供託として、訴訟費用の担保・仮執行のための担保・執行停止のための担保などがあります。
　　Ⅱ 　民事執行法上の保証供託として、執行停止のための担保などがあります。
　　Ⅲ 　民事保全法上の保証供託として、保全命令の担保などがあります。

3) 執行供託

　執行手続（保全・滞納処分を含む）において執行機関又は執行当事者にその執行の目的物を供託所に供託させることによって、目的物の管理と執行当事者への交付を行なわせるための供託です。債権差押が競合した場合の第三債務者の義務供託などがあります。

(3) 供託の根拠

　供託をするためには、供託を義務付け又は供託をすることができる旨を定める根拠法令が必要となります。この根拠法令は、供託書の記載事項となっています。

(4) 供託の目的物
1)　日本国の通貨であって、外国の通貨は含まれません。但し、外国の通貨は、「その他の物品」としてであれば、供託することができます。小切手での供託については、供託官が相当と認める場合には日銀小切手、供託所に派出している派出元の銀行の自己宛小切手、払込委託銀行の自己宛小切手を金銭の代用として供託することができます。
2)　国債・地方債・株券・社債券・特殊法人の発行する債券など有価証券であれば、法令に別段の定めがない場合を除いて供託することができます。株券を除く記名式有価証券を供託する場合には、裏書若しくは譲渡証書を添付してその旨を供託書に記載する必要があります。

(5) 供託申請書

　字画を明確にしなければならず、供託金額については訂正、加入、削除することはできません（規則6条1項、6項）。供託所に提出すべき書類が2枚以上であるときは、各用紙のつづり目に契印の必要があります（規則8条）。

## 5. 供託申請手続各論

### (1) どこに（管轄）
　法務局、地方法務局、支局若しくは法務大臣の指定した出張所が供託所となりますので、出張所については供託できる出張所と供託できない出張所とがあることになります（法1条）。
　供託所のうちどの供託所に供託すべきかについては、供託法には一般的な規定はありませんが、個別の法令に管轄供託所が定められている場合が多くあります。この場合、管轄の供託所に供託しなければ供託は無効となりますので、注意が必要です。
1)　弁済供託
　弁済供託の場合には、民法495条1項により債務履行地の供託所が管轄供託所となります。従って、支払場所は必要的記載事項となりますので供託書の「供託の原因たる事実」の欄に支払場所を必ず記入します。この場合の債務履行地の供託所とは、債務履行地の属する最小行政区画（市町村及び東京都の特別区）内に所在する供託所になります。この最小行政区画に供託所がない場合には、同一都道府県内にある、時間的・距離的・経済的に見て最寄の供託所に供託することができます。
2)　保証（担保）供託
　① 営業保証供託
　　根拠法令により供託所が指定されています。
　② 訴訟上の保証供託
　　発令裁判所又は執行（保全）裁判所の所在地を管轄する地方裁判所の管轄区域内の供託所に供託しなければなりません（民事保全法4条1項）。保全命令のための保証供託については、裁判所の許可を得て、債権者若しくは代理人の事務所所在地を管轄する地方裁判所の管轄区域内の供託所に供託することもできます（民事保全法14条2項）。
3)　執行供託
　金銭債権に対する差押や仮差押などによって第三債務者が供託する場合の供託所は、第三債務者の債務の履行地の供託所になります。

4) 管轄違いの供託の申請については、供託官によって申請が却下され、受け付けられません。また、誤って供託が受理された場合であってもその供託は無効となりますので、供託者は錯誤を理由に取り戻して管轄供託所に供託し直す必要があります。但し、弁済供託について、供託者が錯誤を理由に取り戻す前に被供託者が供託し若しくは還付請求した場合には、有効な供託があったものと取り扱われます。

(2) 何を（必要的添付書類）
1) ＯＣＲ供託申請用紙
　供託をする場合、ＯＣＲ供託申請用紙を使用することになりましたので、１通作成して提出すれば足り、また、押印も不要になりました。
　なお、地代・家賃の弁済供託と執行供託（第三債務者の権利供託や義務供託）の場合、供託カードの発行を申し出れば、ＯＣＲ供託申請用紙の記載内容を登録した供託カードが発行されます（規則13条の４）。
　この発行された供託カードを次回以降の供託の際に法務局の窓口に持参すれば、ＯＣＲ供託申請用紙に記載する事項のうち同一事項を省略することができます。

供託書の記載事項は次の通りです（規則13条）。
① 供託者の住所・氏名
供託者が法人である場合には、法人の所在地・名称・代表者の資格・代表者名を記載します。第三者供託である場合には、供託をする第三者の住所・氏名を記載し、第三者供託である旨を備考欄に記載します。
② 代理人の住所・資格・氏名
③ 供託金の額・供託有価証券の名称・総額面・券面額
④ 供託の原因たる事実
⑤ 供託を義務付け又は許容した法令条項
⑥ 被供託者の住所氏名
営業保証供託や執行供託の場合には、被供託者を特定することができませんので、記載の必要はありません。
⑦ 供託により担保権が消滅するときは、その担保権の表示
⑧ 反対給付を受けることを要するときは、反対給付の内容
⑨ 官庁の名称
⑩ 供託所の表示
2) 資格証明書
【原則】
供託者が法人の場合
提示書面　作成後3ヶ月以内（規則14条1項本文、9条）
供託者が権利能力なき社団・財団の場合
添付書面　作成後3ヶ月以内（規則14条3項、9条）
「提示書面」とは確認後返還されるもの、「添付書面」とは提出するものです。
【例外】簡易確認（規則14条1項後段）
登記された法人の代表者の資格を証する書面などの提示を必要とする場合において、供託所とその資格を証明すべき登記所とが同一の法務局である場合には、供託書に記載された代表者の資格について登記官の確認を受けた供託書を提出することにより、代表者の資格を証する書面の提示に代えることができます。但し、東京、名古屋、大阪の法務局ではこの手続を利用することはできません。

3) 代理権限証書（規則14条4項）提示書面
4) 郵券
　弁済供託において、被供託者に供託をした旨の通知（規則16条）を依頼する場合に必要です。
5) 供託金

(3) いくら（費用）
　手数料なし。利息がつきます（法3条、規則33条）。

(4) どうやって（申請要領）
1) 出頭の場合、現金預け入れの可否に注意します。現金預け入れ不可能な法務局の場合、指定銀行で現金預け入れします。
2) 郵送＋振込、ペイジー
3) 供託書の記載を間違えた場合、当日であれば不受理証明で訂正可能ですが、後日の場合は、再度供託もすることになります。
4) 同一の供託所に対して同時に数個の供託をする場合、供託書の添付書類に内容の同一のものがあるときは、1通の供託書に添付しておけば足ります（規則15条）。
5) 添付書類については、原本還付を請求することができます（規則9条の2）。

(5) 弁済供託（民法494条）

　債務者が債務の目的物を供託すると、債務者は債務を免れることができます。その結果、債務が消滅し、債務に附帯していた担保権も消滅します。

　弁済供託のポイントは下記のとおりです。

1) 支払地はどこか？
2) 支払期はいつか？
　支払期前→期限の利益を放棄して供託する。
　支払期後→遅延損害金を付して供託する。
3) 債務の内容は何か？
4) 供託の原因は何か？
　① 受領拒否のポイントは適法な弁済の提供、債務の本旨に従った現実の提供（民法493条本文）の有無です。但し、予め受領を拒んでいる場合（「建物明渡請求を受け、予め受領拒絶、目下係争中」と記載します）、取立債務において、受領の催告をすれば足り（民法493条但書）、現実の提供は不要となります。　　　　　　　　　　（1-54-1、2、3、2-25-3）

②　受領不能には、事実上の不能、例えば、持参債務において債権者の不在の場合や取立債務における債権者が行方不明の場合、天災による交通途絶等受領の催告もできない場合と、法律上の不能、例えば、債権者に相続が発生し、相続人が不存在の場合、相続人が無能力で法定代理人がいない場合があります。　　　　　　　　　　　　　　　　　　(1-25-2)

③　債権者不確知には、債権者に相続が発生し、誰が相続人か不明な場合、債権譲渡で誰が債権者かわからない場合があります。

　相続発生の場合、「住所　被相続人○○○○の相続人」、「賃貸人が死亡し、その相続人の住所氏名が不明」の記載で足ります。

(1-54-4、2-25-1)

　債権譲渡の場合、「債権譲渡の先後不明」として、譲受人のみ被供託者とする場合と、「債権譲渡禁止特約につき、善悪不明」（民法466条2項但書）、「取引印相違」、「譲渡人が債権譲渡を否定」として、譲渡人も被供託者とする場合があります。

(6) 保証供託
　保証供託の目的は、損害担保です。
1)　営業保証供託
　営業者の営業活動から生じた一定の債務について、債権者が供託物から弁済を受ける権利を取得します。
2)　裁判上の保証供託
　担保権者は被担保債権が発生した場合には、担保の目的物となっている供託物の還付を受けることにより優先的に弁済を受けることができる効力が発生します。
　供託後、裁判所に供託したことを証明すれば、保全命令が出て、保全執行がなされます。また、執行停止決定が出て、執行部に上申すれば、執行停止されます。
　①　民事保全法14条1項　保全命令発令のための担保
　　　管轄　民事保全法4条
　　　管轄外供託　民事保全法14条2項
　　　→　裁判所に許可申請、供託書備考欄に「民事保全法第14条2項の許可による供託」と記載しますが、裁判所から許可書が出るわけではありません。
　②　民事訴訟法403条
　　　仮執行宣言付判決が出た場合の控訴と共に執行停止を申立てた場合の担保等
　　　管轄　民事訴訟法第405条
　③　民事執行法10条6項、11条2項　執行停止のための担保
　　　管轄　民事執行法15条

(7) 執行供託

執行供託の目的は、執行の目的物の供託による執行裁判所の管理・交付にあります。
1) 第三債務者の供託の目的は、自己の債務消滅にあります。
　① 権利供託（民事執行法156条1項、民事保全法50条5項　滞納処分と強制執行等との手続の調整に関する法律20条の6第1項　20条の9第1項、36条の12第1項）と義務供託（民事執行法156条2項、民事保全法50条5項　滞納処分と強制執行等との手続の調整に関する法律36条の6第1項）
　　Ⅰ　権利供託
　　　ⅰ　差押又は仮差押、仮差押の競合
　　　　cf.　転付命令（確定により債権譲渡と同じ効力発生）
　　　ⅱ　滞納処分による差押の後、強制執行による差押がなされ、競合
　　　ⅲ　滞納処分による差押と仮差押の競合
　　Ⅱ　義務供託
　　　ⅰ　差押等の競合
　　　　（差押の競合、差押と仮差押の競合、差押と配当要求の競合）
　　　ⅱ　強制執行による差押の後、滞納処分による差押がなされ、競合
　② Ⅰⅰ、Ⅱの場合、第三債務者は、執行裁判所に事情届を提出し（民事執行法156条3項、規則138条2項、3項）、執行裁判所による配当手続となります（民事執行法166条1項1号）。
　③ Ⅰⅱ、ⅲの場合、第三債務者は滞納処分庁に事情届を提出し（滞納処分と強制執行等との手続の調整に関する法律20条の6第2項、3項、20条の9第1項　36条の12第1項）、滞納処分庁徴収職員による還付請求後、残余につき、執行裁判所による配当となります。
2) 債務者の解放金供託（民事保全法22条、25条）は、裁判所に供託したことを証明すれば、保全執行が取り消されます（民事保全法51条、57条）。

## 6. 供託払渡請求手続総論

### (1) 供託物の払渡手続

　取戻請求とは、供託物が供託関係の不存在等を原因として供託者に払い渡される手続をいいます。還付請求とは、供託物が被供託者に払い渡されることにより供託手続がその本来の目的を達して終了する手続をいいます。

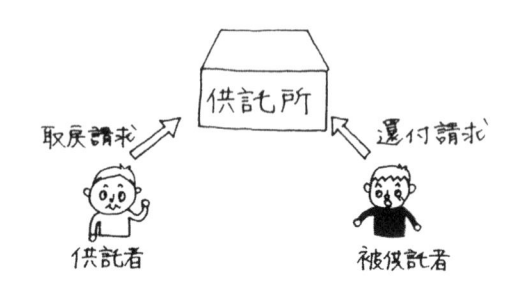

### (2) 取戻請求の要件

1) 弁済供託において被供託者が供託を受諾していないこと

　弁済供託の取戻しは、供託関係の取消し又は撤回を意味します。従って、被供託者の意思を無視して認めるべきではないため、次の場合には取戻しができないとされています。

① 被供託者が供託を受諾した場合

　供託の受諾は、供託を受諾する旨を記載した書面を供託所に提出してする必要があります。書面の内容から供託受諾の意思が判断されれば足りますので、供託金の還付請求権の債権譲渡通知書が供託所に送付された場合にも供託の受諾があったと認められます。

② 供託を有効と宣告する判決が確定した場合
③ 供託により質権又は抵当権が消滅した場合

2) 供託が錯誤に基づいたものであること
3) 供託原因が消滅したこと

## (3) 還付請求の要件
① 被供託者が確定していること
② 被供託者の供託物に対する実体上の請求権が確定していること
③ 被供託者の請求権行使について条件が成就していること
④ 留保付き払渡請求
　　債権者は債務者が全額として供託した金額を一部弁済に充当する旨の留保を付して、供託を受諾し、還付請求することができます。留保については、供託金払渡請求書に記載してすることができます。但し、債権の性質が一致しない供託を受諾する旨の請求はできません。例えば、家賃の弁済供託を損害賠償金として受領することはできません。

# 7. 供託払渡請求手続各論

## (1) どこに（管轄）
供託された供託所。

## (2) 何を（必要的添付書類）
1) 供託払渡請求書用紙
　供託払渡請求をしようとする者は、一定の様式の供託払渡請求書1通を作成し、供託所に提出します。
　供託払渡請求書には、次の事項を記載して請求者又はその代表者若しくは代理人が記名押印しなければなりません（規則22条）。
① 請求年月日
② 供託所の表示
③ 請求者の住所・氏名
　　法人である場合には、法人の所在地・名称・代表者の資格・代表者名を記載します。請求者が供託者又は被供託者の権利の承継人である場合にはその旨を記載します。相続の場合、備考欄に被相続人の住所・氏名を記載します。
④ 代理人の住所・資格・氏名

⑤　供託番号
⑥　供託金の元本金額
⑦　払渡請求事由及び還付・取戻の別
⑧　隔地払、国庫金振替、預貯金振込を希望するときはその旨
⑨　供託所の表示

2) 資格証明書
　【原則】
　　供託者が法人の場合、提示書面　作成後3ヶ月以内（規則27条3項、14条1項本文、9条）
　　供託者が権利能力なき社団・財団の場合、添付書面　作成後3ヶ月以内（規則27条3項、14条3項、9条）
　　「提示書面」とは確認後返還されるもの、「添付書面」とは提出するものです。
　　なお、郵送で払渡請求する場合、資格証明書の返還を希望する旨を明記の上、返信用封筒を同封すると、「提示書面」については返還されます。
　【例外】簡易確認（規則27条3項、14条1項後段）
　　登記された法人の代表者の資格を証する書面などの提示を必要とする場合において、供託所とその資格を証明すべき登記所とが同一の法務局である場合には、供託書に記載された代表者の資格について登記官の確認を受けた供託書を提出することにより、代表者の資格を証する書面の提示に代えることができます。但し、東京、名古屋、大阪の法務局ではこの手続を利用することはできません。
3) 印鑑証明書
　【原則】添付書面　作成後3ヶ月以内（規則26条1項本文、9条）
　【例外1】簡易確認（規則26条1項但書）
　【例外2】確認請求済み委任状添付の場合（規則26条3項3号）

```
確認請求する　弁護士㊞
確認しました　法務局㊞
　　　　供託委任状



　　　　　　依　頼　者　㊞
```

払渡の際、同じ印鑑を使えば印鑑証明書の代わりになりますが、法人の場合、代表者が変更していると同じ印鑑を使っても印鑑証明書の代わりにならないので、要注意です。

【例外3】
　自然人が供託原因消滅証明書を添付の上、払渡請求する場合（規則26条3項4号）

【例外4】
　自然人が30条1項に規定する証明書（証明金額が10万円未満）を添付の上、払渡請求する場合（規則26条3項5号）

4) 代理権限証書（規則27条1項本文）添付書面　　　　　　(2-26-4)
5) 変更ある場合、変更証明書　添付書面
6) 承継ある場合、承継証明書　添付書面
7) 個別必要的添付書類（法8条）
　① 弁済供託の場合
　　〔取戻〕供託不受諾　添付書類なし（民法496条1項）
　　〔還付〕供託受諾　　添付書類なし
　　　　　　債権者不確知の場合、承諾書＋印鑑証明書
　　　　　　（3ヶ月以内、規則24条2項）
　　　　　　払渡請求権の確認判決＋確定証明書
　② 保証供託の場合
　　〔取戻〕裁判所の不受理証明書
　　　　　　担保取戻許可書
　　　　　　供託原因消滅証明書
　　〔還付〕損害賠償請求判決＋確定証明書

③ 執行供託の場合
Ⅰ 第三債務者の供託
〔還付〕執行裁判所交付証明書（規則30条2項）
Ⅱ 債務者の供託（解放金）
〔取戻〕供託原因消滅証明書　差押・転付命令＋確定証明書
8）反対給付を履行したことの証明書
　還付請求権行使の条件として反対給付の条件が付されている場合には、反対給付を履行したことを証明する書面が必要になります。例えば、供託者作成にかかる印鑑証明書つきの書面、確定判決、調停調書、和解調書、公正証書などです。

**(3) いくら（費用）**
　手数料なし。利息がつきます（法3条、規則33条）。

**(4) どうやって（請求要領）**
1）出頭ないし、郵送＋振込
2）同一人が同時に数個の供託物の払渡請求をする場合、払渡請求の事由が同一であるときは、一括して請求できます（規則23条）。
3）規則30条1項の配当証明書及び供託払渡請求委任状以外の添付書類については、原本還付を請求することができます（規則9条の2）。
4）供託物の交付
　① 金銭の場合は、小切手を振り出して交付されます。有価証券の場合は、供託官が供託有価証券払渡請求書の1通にその旨を記載した後に、請求者が日本銀行ないし代理店に持参し、交付を受けます。
　② 振込みについては、請求者本人の口座に限られています。

## (5) 供託金の利息

1) 供託金には、供託期間に応じて利息が付されます（法3条）。但し、供託金受入れの月及び払渡しの月には利息は付されず、また、供託金額が1万円未満の場合はその全額、供託金に1万円未満の端数がある場合はその端数金額には利息がつきません（規則33条）。

   ① 原則として、元金と同時に払渡請求します。消滅時効は10年で、民法142条の適用はありません（休日でも満了）。消滅時効起算点は「権利を行使することができる時」（民法166条1項）で、錯誤を原因とする払渡請求の場合は供託の日から消滅時効は進行します。

   ② 元金の受取人と利息の受取人が異なるときは、元金の払渡後に利息の払渡請求が可能となります。なお、裁判上の保証供託については元金のみが損害の担保の目的物ですから、利息までにはその効力は及びません。従って、毎年供託した月に応当する月の末日後にその日までの利息の払渡請求が可能となります。この場合、定期給付金に該当し、消滅時効は5年となりますので注意してください。有価証券自体の所有権は時効消滅しませんが、国債証券の場合、元金（証券）の消滅時効が償還期日から10年、利子（利札）は支払期日から5年であり、担保物変換申立をする必要がある場合がありますので、注意してください。

2) 払渡手続

   ① 元金と同時に払渡しを受ける場合
   供託金払渡請求書を提出すれば足ります。

   ② 元金とは別に払渡しを受ける場合
   供託金利息請求書を提出する必要があります。

3) 利率の変遷

   ① 昭和43年7月1日以降5,000円未満の供託金の全額、1,000円未満の端数全額、受入月及び払渡月には利息は付さない扱いです。

   ② 昭和53年2月28日まで　　　　　　　　　　　　　　　　年2.40％

   ③ 昭和53年3月1日以降10,000円未満の供託金の全額、10,000円未満の端数全額、受入月及び払渡月には利息は付さない扱いです。

   ④ 昭和53年3月1日から昭和57年3月31日まで　　　　　年1.20％

   ⑤ 昭和57年4月1日から平成3年3月31日まで　　　　　　無利息

| ⑥ | 平成3年4月1日から平成6年3月31日まで | 年1.20% |
| ⑦ | 平成6年4月1日から平成8年3月31日まで | 年0.60% |
| ⑧ | 平成8年4月1日から平成10年3月31日まで | 年0.24% |
| ⑨ | 平成10年4月1日から平成14年3月31日まで | 年0.12% |
| ⑩ | 平成14年4月1日以降 | 年0.024% |

## 8. 供託に関する閲覧・証明

　供託につき利害関係を有する者は供託に関する帳簿・書類を閲覧してその権利関係を知り、又は供託に関する事項の証明を受けることができます（規則48条、49条）。取戻請求権者、還付請求権者及びその一般承継人、並びにそれらの権利についての譲受人、質権者、差押債権者であって、それらの通知が供託所になされている者をいい、単なる債権者等は含まれません。
　閲覧・証明の申請にも資格証明書・印鑑証明書の提示・添付が必要となります（規則48条3項、49条3項、26条、27条）。
　供託所が閲覧に応じ又は供託に関する事項を証明したときは、供託所による債務承認となりますので、消滅時効が中断します。

---

**参考書籍**

『司法書士試験　供託法・司法書士法』
　米田徹也著　法学書院　1,600円＋税

『雑供託の実例・雛形集』
　立花宣男監修　野海芳久著　日本加除出版　3,800円＋税

『供託の知識167問』
　福岡法務局ブロック管内供託実務研究会編　日本加除出版　8,400円＋税

『執行供託の理論と実務』
　立花宣男・田原昭男編著　民事法情報センター　5,000円＋税

# 第3章

## 家事事件・人事訴訟手続

1．総論
2．家事事件
3．人事訴訟
4．成年後見制度

## 1. 総論

（以下、家事審判法を「法」、家事審判規則を「規則」といいます。）

家事審判手続（広義）
　非訟手続　職権探知主義　非公開　本人出頭主義

　　家事審判手続（狭義）　　甲類審判事件
　　　　　　　　　　　　　　　　対立当事者不存在、公益性の強い事件
　　　　「家」　　　　　　　　　審判手続のみ（法9条）
　　　　　　　　　　　　　　　　　子の氏の変更　相続放棄
　　　　　　　　　　　　　　　　　保護者選任　特別代理人選任
　　　　　　　　　　　　　　乙類審判事件
　　　　　　　　　　　　　　　　調停申立て可（法26条1項）
　　　　　　　　　　　　　　　　付調停可（法11条）
　　　　　　　　　　　　　　　　養育費　面会交流　婚姻費用分担
　　　　　　　　　　　　　　　　親権者指定　遺産分割
　　家事調停手続　　　　　　　乙類調停事件
　　　（法17条）
　　　　　　　　　　　　　　　一般調停事件
　　　　「家イ」　　　　　　　　　離婚、離縁、婚姻外の男女間、
　　　　　　　　　　　　　　　　　親族間、遺産、遺留分減殺
　　　　　　　　　　　　　　　一般調停不成立の場合、調停に代わる審判
　　　　　　　　　　　　　　　（法23条）
　　　　　　　　　　　　　　　離婚・離縁以外の人事に関する事件
　　雑　事　件　　　　　　　　審判前の保全処分（法15条の3）
　　　「家ロ」　　　　　　　　　履行勧告・履行命令
　　　　　　　　　　　　　　　（法15条の5、6、25条の2、28条）
人事訴訟手続　民事訴訟手続の特例「家ホ」（人事訴訟法1条）
　　訴訟手続　当事者主義　公開が原則　　　　　　　　　（1-27-2、3）

## 2. 家事事件

### (1) 意義
　民法その他の法律に規定された人の身分関係事項について、家庭裁判所において家事審判法及びその他の法律に基づいて行なわれる、家事審判事件と家事調停事件のことをいいます。

### (2) 特徴
　家事事件は、一般に非訟手続と解されています。非訟手続とは、国家が後見的立場に立って、私人間の法律関係を形成・変更することを目的とする手続のことをいいます。家事事件について、非訟手続の手段がとられている理由は、家事事件の中心が家庭の紛争の解決にあるためです。
1) 簡易性
　手続を簡易にすることにより、手軽に利用できます。
2) 迅速性
　事実関係の調査や証拠調べについて、当事者の申立て等がなくても、裁判所が必要と考えれば、裁判所が職権で調査することができます。
3) 秘密性
　家庭内の秘密を保持するため、手続は公開されず傍聴も許されていません。また、事件記録の閲覧や謄写をすることができる者は、家庭裁判所が相当であると認める者に限られています。　　　　　　　　　　　　　　(2-30)
4) 確実性
　家事事件において、妥当な解決がなされた場合にその履行を確実なものとするために、確定した家事審判は執行力ある債務名義となり、成立した調停調書の記載は確定判決と同一の効力を有し、その他、審判前の保全処分や調停前の仮の措置、履行確保制度が設けられています。
5) 科学性
　紛争の解決のため、その背後にある真の原因を探究・除去する必要がある場合には科学的知識と技術を活用した調査等が行なわれます。

6) 社会性

事件の処理のため必要であれば、社会福祉機関の援助を得る場合もあります。

7) 本人出頭主義

原則として、事件の関係人は本人自らが出頭しなければなりません。

従って、代理人がつく場合であっても、本人と共に裁判所に出頭することになります。

## (3) 種類

1) 家事審判事件

① 甲類審判事件

家事調停の対象とはならない事件のことをいいます。国家の後見的作用として、重要な身分行為の許可、認証、又は権利義務の付与若しくは剥奪に関するもので、争訟的性格を有していない事項に関する事件です。

この事件については、対立する当事者は存在しません。

② 乙類審判事件

家事調停の対象となる事件のことをいいます。原則として当事者間の協議による解決が期待されるもので、争訟性を有する事件です。乙類審判事件については、いつでも調停に付すことができ、調停が成立すれば調停調書の記載は確定した審判と同一の効力を有し、審判手続は当然に終了します。また、調停が不成立で終了すれば、何らの手続をしなくても当然に審判手続が開始されます。

2) 家事調停事件

① 一般調停事件

通常の民事訴訟事件であっても、家庭に関する事件であれば家事調停の対象となります。この「家庭に関する事件」の範囲については明確に定められているわけではありませんが、一般的には、親族又はこれに準ずる者の間という一定の身分関係が存在し、その間に紛争が存在し、人間関係の調整の必要があるものが対象となります。具体的には、離婚後の慰謝料や財産請求、内縁の夫婦間の事件、婚約不履行、結納返還等の他、身分上の問題に限らず、親族間の金銭貸借、土地の賃貸等も含まれます。

また、法律的でない事項であっても、婚姻予約の履行請求や夫婦親族間の感情的対立の調整等も対象となります。
　この手続で解決される事項については、通常の訴訟事件ですので、成立した調停は確定判決と同一の効力があり、調停が不成立であっても家庭裁判所は調停に代わる審判を行なうことができます。
② 特殊調停事件（乙類調停事件）
　乙類審判事項の対象となる事件について、当事者の合意による解決を図るために行なわれる調停事件をいいます。成立した調停は、確定した審判と同一の効力を有することとなります。
③ 家事雑事件
　Ⅰ　家事審判法・家事審判規則に規定されている事件
　　財産管理者の権限外行為の許可・報酬付与／履行勧告・履行命令
　　審判前の保全処分／職務執行停止・職務代行者選任
　Ⅱ　民事訴訟法に規定されている事件
　　特別代理人選任／審判・調書の更正
　Ⅲ　民事執行法・民事訴訟法に規定されている事件
　　執行文付与／請求異議、第三者異議／代替執行・間接強制
　　担保取消決定

### (4) 調停前置主義

　一般調停事件及び特殊調停事件の対象となる事件について訴えを提起しようとする場合、まず家庭裁判所に調停の申立てをしなければなりません（法18条1項）。この調停前置主義は、家庭に関する争いをいきなり訴訟手続によって公開の法廷で争わせることは、家庭の平和と健全な親族共同生活の維持を図る見地から望ましくないので、円満かつ自主的に解決する措置が講じられています。この対象となる事件は、家事調停の対象となる事件のうち、訴えを提起できる事件の全てで、金銭貸借や土地建物の賃貸借に関するものであっても、親族間の事件であれば適用があると考えられています。そして、調停前置主義の対象となる事件について、調停の申立てをせずに訴えを提起した場合、それによってその訴えが直ちに不適法として却下されるのではなく、原則としてその訴訟事件が調停に付されることとなります（法18条2項）。例外的に、裁判所が事件を調停に付することを適当でないと認めるとき、すなわち、相手方の生死が不明の場合、行方不明の場合、心神喪失の場合等については、調停に付さないで訴訟手続を続行することができます。　（1-25）

### (5) 家事調停と民事調停の関係

　調停手続には、家事調停と民事調停とがあります。そして家事事件について民事調停が申立てられ、また反対に民事調停について家事調停が申立てられる場合もあります。更に、家事調停と民事調停のどちらを提起してもよい事件もあります。そこで、その調整のため特別規定があります。
1) 家事審判法第17条により調停を行なうことができる事件以外の事件について、家事調停の申立てを受けた場合には、家庭裁判所はこれを管轄権のある地方裁判所又は簡易裁判所に移送しなければならないこととなっています。
2) 家庭に関する事件の範囲に属し、地方裁判所又は簡易裁判所の管轄に属さない事件について民事調停の申立てを受けた場合には、その地方裁判所又は簡易裁判所は原則としてこれを管轄権のある家庭裁判所に移送しなければならないとされています。

3) 家庭に関する事件に属し、しかも民事調停の対象にもなる事件について家事調停の申立てがあった場合には、家庭裁判所は必要があると認めるときにはこれを地方裁判所又は簡易裁判所に移送することができます。

### (6) 家事審判手続
1) どこに（管轄）
　家事審判規則で事件の種類別に個別に定められています。
2) 何を（必要的添付書類）
　委任状の他に、事件関係者の戸籍（除籍）謄本や住民票が必要です。また、事件によっては登記簿謄本や診断書、遺言書も必要となります。
3) 何を（費用）
　① 申立手数料　甲類審判事件　800円　乙類審判事件　1,200円
　② 予納郵券
　③ その他、官報への公告や鑑定のための費用の予納
4) 審理手続
　原則として本人が家庭裁判所に出頭して非公開によって行われ、期日において関係人の審問、事実調査、証拠調べ等が行われます。
　また、即日審判制度がとられている事件もあります。例えば、子の氏の変更、相続放棄、保護者選任、名の変更等です。
5) 審判の効力発生
　家事審判については、即時抗告のできる審判を除いて、告知（面前告知・通知書の送付・審判書謄本の送達）によって効力が生じます。即時抗告のできる審判については、家事審判規則に定められています（法14条）。
　金銭の支払、物の引渡、登記義務の履行その他給付を命ずる審判は、執行力ある債務名義と同一の効力を有しますので（法15条）、単純執行文の付与は必要ありませんが、確定を要しますので（法13条但書）、確定証明書は必要になります。
　家事審判が確定した後、一定の行為については、戸籍の届出をする必要があります。

## (7) 家事調停手続

1) どこに（管轄） (1-22-1、2-29)

相手方の住所地の家庭裁判所又は当事者が合意で定める家庭裁判所（規則129条1項）

相手方の住所地とは、生活の本拠をいい、住民票上の住所地ではなく、申立ての当時相手方が実際に居住している場所になります。

2) 何を（必要的添付書類）

委任状の他に、事件関係者の戸籍（除籍）謄本や住民票が必要です。また、事件によっては登記簿謄本や診断書、遺言書も必要となります。

3) 何を（費用）
① 申立手数料　1,200円
② 予納郵券
③ その他、官報への公告や鑑定のための費用の予納

4) 調停手続

調停は家事審判官1名と2名以上の家事調停委員で構成される調停機関で行なわれます（法22条）。原則として本人が家庭裁判所に出頭する必要があり（規則5条）、必要に応じて利害関係人も出席します（法20条、12条）。

5) 調停の終了
① 調停事件は、調停成立、不成立、調停に代わる審判確定までいつでも取下げることができます。取下げには相手方の同意は不要です。
② 調停成立

当事者間の合意が成立し、その合意が調書に記載された時に調停は成立します。成立した調停は確定判決と同一の効力があります（法21条1項本文）。乙類審判事件に関して成立した調停は、確定した審判と同一の効力を有します（法21条1項但書）。家事調停が成立した後、一定の行為については、戸籍の届出をする必要があります。

③ 調停不成立

当事者間に合意の成立する見込みがない場合、又は成立した合意が相当でないと調停機関が認めれば、調停は成立しないものとして終了します。乙類審判事項について調停が成立しない場合には、調停申立ての時に審判開始の申立てがあったものとみなされますので（法26条1項）、

当然に審判手続が開始し、当事者の申立ては不要です。
④　合意に相当する審判及び調停に代わる審判については、当事者から異議申立てがあれば審判の効力はなくなります（法23条、24条）。

## (8) 審判前の保全処分
1) 家事審判前の保全処分は、審判の申立てから審判の確定までの間の財産の変動等により権利の実現が困難となったり、関係人の生活が困難や危機に直面することを防止するために暫定的に権利義務関係を形成して、関係人の保護を図る手続をいいます。仮差押、仮処分その他必要な保全処分、財産の管理者の選任又は本人の財産の管理若しくは本人の監護に関する事項の指示、後見（保佐）命令、本人の職務の執行停止又は職務代行者の選任等です。
2) どこに（管轄）　　　　　　　　　　　　　　　　　　　(2-27-1、2)
　① 保全処分は本案審判の申立てがある場合にだけ行なうことができます。従って、乙類審判事件の調停事件が係属するだけでは保全処分の審判をすることができません。但し、乙類審判事件が調停に付された場合には審判事件も係属していますので、保全処分の審判をすることはできます。
　② 本案の審判の係属している家庭裁判所になります。本案の審判が高等裁判所に係属している場合には、高等裁判所になります。
3) 何を（必要的添付書類）
　委任状の他に、事件関係者の戸籍（除籍）謄本や住民票が必要です。また、事件によっては登記簿謄本や診断書、遺言書も必要となります。
4) いくら（費用）
　① 申立手数料
　　仮差押、仮処分その他必要な保全処分　　800円
　　財産の管理者の選任及び指示の処分、後見（保佐）命令、職務執行停止・職務代行者選任　　　　　　　　　　不要
　② 予納郵券

5) 保全処分の審理手続

　保全処分の審判は、疎明に基づいて行なわれますので、即時に取り調べることのできる証拠を提出します。原則としては書証になりますが、即時に取調べが可能であれば、人証でもかまいません。さらに、家庭裁判所は必要に応じて職権調査を行います。保全処分を命ずる場合の担保については、民事保全法14条の規定が準用されています。仮差押、仮処分その他必要な保全処分については担保の提供を命じられますが、それ以外の場合には担保の提供は命じられないことが多いようです。

6) 保全処分は、審判を受ける者に告知することによってその効力を生じます。

7) 保全処分の裁判の実現

　保全処分の執行は、民事保全法その他の仮差押・仮処分の執行に関する法令の規定に従って行います。

### (9) 履行確保　　　　　　　　　　　　　　　　　　　　　　(2-28)

1) 家事事件の債務については、金額が僅かのため、強制執行をした場合であっても費用倒れになる可能性がある、代理人がつかない場合には強制執行の手続が煩雑である、親族や親族であった者に対してあまり強力な強制手段は取りづらい、等の理由から強制執行に親しみにくい場合が多いので、家事審判法において履行確保の制度が定められています。

2) 履行勧告

　家庭裁判所は、権利者の申出がある場合には、審判又は調停で定められた義務の履行状況を調査し、義務者に対しその義務の履行を勧告することができます（法15条の5）。調査とは、審判又は調停で定められた義務がその本旨に従って履行されているかどうか、また、どのような理由で履行できないのかを裁判所が認識するための手段で、履行勧告の前提となります。勧告とは、正当な事由なくして義務を履行しない者に対して、その履行を促すことです。

　家庭裁判所の調査は、家庭裁判所調査官が適当と認める方法により行ないますので、義務者に出頭を求めたり、書面で照会したり、家庭裁判所調査官が出張したりして行います。調査の結果、家事審判官が相当と認める場合に

は、義務者に対し、義務の履行を書面又は口頭により勧告し又は家庭裁判所調査官にさせることができます。
　①　どこに（管轄）
　　　審判又は調停で定められた義務で給付義務に限られず、一切の作為・不作為を定めた家庭裁判所（規則143条の2）
　　　高等裁判所が審判に代わる裁判をした場合には、原審の家庭裁判所
　　　申出の方式については、特に定めはなく、書面又は口頭のいずれによってもよく、また、電話による申出も可能です。
　②　いくら（費用）
　　　調査及び勧告に要する費用、呼び出し、通知、嘱託、出張旅費等全て国庫の負担です。
3）履行命令　　　　　　　　　　　　　　　　　　　　　　(2-28-3)
　金銭の支払その他の財産上の給付を目的とするものについて、家庭裁判所が相当と認めるときは、権利者の申立てによってその義務を怠っている者に対し、相当の期限を定めて義務の履行を命ずることができます（法15条の6）。義務者が正当の理由なく定められた期限までにその命令に従わないときは、過料の制裁を科すことができます（法28条）。
　①　どこに（管轄）
　　　金銭の支払その他の財産上の給付義務を定めた家庭裁判所
　　　高等裁判所が審判に代わる裁判をした場合には、原審の家庭裁判所
　　　なお、義務者が住所を移転している場合には、移送することも可能です。
　②　いくら（費用）
　　　申立手数料　500円

## 3. 人事訴訟

（以下、人事訴訟法を「法」、人事訴訟規則「規則」といいます。）

### (1) 対象

人事訴訟法の対象となる訴えは、人事訴訟及びこれと併合審理することが可能な人事訴訟の原因である事実によって生じた損害賠償請求並びに必要な保全処分に限られます（法2条）。

① 婚姻の無効及び取消の訴え
② 離婚の訴え
③ 協議上の離婚の無効及び取消の訴え
④ 婚姻関係存否の確認の訴え
⑤ 嫡出否認の訴え
⑥ 認知の訴え
⑦ 認知の無効及び取消の訴え
⑧ 民法773条の規定による父を定めることを目的とする訴え
⑨ 実親子関係の存否の確認の訴え
⑩ 養子縁組の無効及び取消の訴え
⑪ 離縁の訴え
⑫ 協議上の離縁の無効及び取消の訴え
⑬ 養親子関係の存否の確認の訴え
⑭ その他身分関係の形成又は存否の確認を目的とする訴え

### (2) 管轄

1) 人事に関する訴えの管轄　　　　　　　　　　　　　　　　(2-23-1)

当該訴えにかかる身分関係の当事者が普通裁判籍を有する地又はその死亡の時にこれを有した地を管轄する家庭裁判所の管轄に専属します（法4条）。

2) 関連裁判籍の拡大

数人からの又は数人に対する1つの人事に関する訴えで、数個の身分関係の形成又は存否の確認を目的とする数個の請求をする場合、その1つの請求について管轄権を有する家庭裁判所にその訴えを提起できます（法5条）。

3）家事調停を経た人事訴訟の自庁処理

　家事調停については、事件の相手方の家庭裁判所の他、管轄合意による合意地の家庭裁判所にも管轄が認められています。そこで、人事訴訟に前置された家事調停事件が係属していた家庭裁判所に当該人事訴訟が提起された場合において、当該人事訴訟の全部又は一部がその管轄に属しないと認める場合においても、調停の経過、当事者の意見その他の事情を考慮して、特に必要があると認めるときは、裁判所は申立て又は職権で当該人事訴訟の全部又は一部を自ら審理及び裁判することができます（法6条）。

4）遅滞を避けるための移送

　家庭裁判所は、人事訴訟がその管轄に属する場合であっても、遅滞を避けるため又は当事者間の衡平を図るため必要であれば、申立て又は職権で、当該人事訴訟の全部又は一部を他の管轄裁判所に移転することができます（法7条）。

5）人事訴訟にかかる請求の原因である事実によって生じた損害賠償に関する請求にかかる訴訟の管轄（法8条）

　① 人事訴訟にかかる請求と関連請求（不貞の相手方に対する慰謝料請求等）とは一つの訴えで家庭裁判所に提起することができます。(1-27-1)

　② 人事訴訟がすでに家庭裁判所に係属しているときは、関連請求にかかる訴えを当該家庭裁判所にも提起することができます。

　③ 関連する訴訟の継続する地方裁判所又は簡易裁判所は、一定の要件のもとで、当該訴訟を人事訴訟の係属する家庭裁判所に移送することができます。

6）保全命令事件等の管轄（法30条）

　① 人事訴訟を本案とする保全命令事件は、本案の管轄裁判所又は仮に差し押さえるべき物若しくは係争物の所在地を管轄する家庭裁判所が管轄します。

　② 人事訴訟にかかる請求と関連請求とを一つの訴えですることができる場合には、関連請求にかかる保全命令の申立ては、本案の管轄裁判所又は仮に差し押さえるべき物若しくは係争物の所在地を管轄する地方裁判所の他、仮に差し押さえるべき物若しくは係争物の所在地を管轄する家庭裁判所にもすることができます。

## (3) 参与員

　人事訴訟においては、職業裁判官以外の者を参与員として審理に関与させ、裁判官がその意見を聴くことができるようにしています。家庭裁判所は、必要があると認めるときは、参与員を審理又は和解の試みに立ち合わせて事件についてその意見を聴くことができます（法9条）。審理に立ち会わせる参与員の人数は1人以上で、事案に応じて男女1名ずつといった運用も可能です。
(1-27-4)

## (4) 職権探知

　裁判所の職権発動が常に求められるのではなく、職権証拠調べについてもその限度は裁判所が既に得た心証の程度において自由に定めることができますので、裁判所が審理の状況に応じた適切な釈明権の行使によって当事者の主張立証を促し、あくまで当事者主義のもと、当事者双方が主体となって主張立証活動を行うことが前提となっています（法20条）。

## (5) 当事者尋問等の公開停止

　人事訴訟における当事者等又は証人が当該人事訴訟の目的である身分関係の形成又は存否の確認の基礎となる事項であって、自己の私生活上の重大な秘密にかかることについて尋問を受ける場合、下記要件が備われば、手続の公開を停止することができます（法22条）。
1) 裁判官の全員一致の決定
2) その当事者等又は証人が公開の法廷で当該事項について陳述をすることにより社会生活を営むのに著しい支障を生ずることが明らかであることから当該事項について十分な陳述をすることができないと認められること
3) 当該陳述を欠くことにより他の証拠のみによっては当該身分関係の形成又は存否の確認のために適正な裁判をすることができないと認められること

(6) 当事者の死亡
1) 人事訴訟の係属中に原告が死亡した場合は、特別の定めがある場合を除いて当該人事訴訟は当然に終了します（法27条1項）。
2) 離婚、嫡出子の否認、又は離縁を目的とする人事訴訟の係属中に被告が死亡した場合には、当該人事訴訟は当然に終了します（法27条2項）。

(7) 婚姻関係訴訟の特例
1) 附帯処分
　婚姻の取消又は離婚の請求を認容する判決に附帯して、子の監護者の指定、その他子の監護、財産の分与、年金分割に関する処分については、裁判所は家庭裁判所調査官に事実の調査をさせることができます（法34条）。判決によらないで前提となる離婚等の訴訟が終了した場合であっても、受訴裁判所は附帯処分の申立てにかかる事項について引き続き審理及び裁判しなければならないとされています（法36条）。　　　　　　　　　　　　　　　(1-24-1)
2) 事実調査部分の閲覧等
　訴訟記録中事実の調査にかかる部分の閲覧等については、家事審判手続と同様に、裁判所の許可を要します（法35条）。　　　　　　　(2-30)
3) 和解・請求の放棄・認諾　　　　　　　　　　　　　　(1-23-4)
　離婚訴訟における和解により離婚をする旨の和解、離婚請求の放棄及び認諾ができるようになりました。但し、子の監護者の指定、その他子の監護、財産の分与、年金分割に関する処分についての裁判、又は親権者の指定の裁判を必要とする場合には請求の認諾は認められません（法37条1項）。
　また、和解条項案の書面による受諾、裁判所等が定める和解条項の規定による和解をすることはできません（法37条2項）。
　さらに、電話会議システムを利用した弁論準備手続期日においては、当該期日に出頭しないでその手続に関与した当事者は、和解・請求の認諾による離婚をすることはできません（法37条3項）。

4) 履行の確保
① 附帯処分等についての裁判等で定められた義務については、家事審判と同様の履行の確保の制度が設けられました（法38条、39条）。
② 民事執行法151条の2により、一定の扶養義務等にかかる定期金債権については、確定期限が到来していない将来の債権についても債権執行を開始することができるという特例が定められていますが、この規定は離婚判決に附帯して子の監護に関する処分として養育費の定期的支払が定められた場合にも利用することができます。

(8) **離婚事件**
1) 協議上の離婚（民法763条）
　離婚給付等契約公正証書作成

平成　　年第２２２号
## 離婚に伴う契約公正証書

　本公証人は、当事者の嘱託により、次の法律行為に関する陳述の趣旨を録取し、この証書を作成する。
　夫横修（以下甲という）及び妻横恵（以下乙という）は、今回協議の上離婚することに合意し、その届出をなすにあたり、子の親権者の指定、子の養育費・慰謝料等に関し、次の通り契約を締結した。

第壱条　甲及び乙は、本契約後速やかに協議離婚の届出を行うものとする。
第弐条　甲及び乙は、甲乙間の長男優（平成10年６月13日生）の親権者を乙と定め、乙がその監護養育を担当するものとする。
第参条　甲は乙に対し、長男優の養育費として、平成　年　月から長男優が満20歳に達する日の属する月まで、１か月金５万円の支払義務のあることを認め、これを毎月末日限り、乙の指定する金融機関の口座に振り込んで支払う。振込手数料は甲の負担とする。
　２　将来、物価の変動、甲又は乙の再婚、失職その他の事情の変更があったときは、甲と乙は、長男優の養育費の変更について、誠実に協議し、円満に解決するものとする。
第四条　乙は、甲が長男優と面会交流することを認める。面会の具体的な日時、場所、方法等は、甲と乙が、長男優の福祉に十分配慮しながら協議して定めるものとする。
第五条　甲は乙に対し、離婚に伴う慰謝料として金200万円也の支払義務のあることを認め、これを分割して平成　年７月・12月、平成　年７月・12月に金50万円を各月末日限り、を乙の指定する金融機関の口座に振り込んで支払う。振込手数料は甲の負担とする。
第六条　甲が前条の慰謝料の支払いを１回でも遅滞したときは、当然に期限の利益を失い、乙からの通知催告がなくても、直ちに残債務の全部を乙に支払うものとする。
第七条　甲及び乙は、本契約に定める他、互いに債権債務のないことを確認する。
第八条　甲は、本証書記載の金銭債務を履行しないときは直ちに強制執行に服する旨陳述した。

　　　　　　本　旨　外　事　項

　埼玉県川口市前川町四丁目４44番地４
　会社員
　甲（夫、父）　　横　　　　　修
　上の者は、運転免許証の提示により人違いでないことを証明させた。

　東京都中央区日本橋人形町三丁目３番３号
　法律事務職員
　乙（妻、母）　　横　　　　　恵
　上の者は、印鑑証明書を提出させて人違いでないことを証明させた。

　上記各事項を列席者に閲覧させたところ、各自その趣旨の正確なことを認め、次に署名押印する。
　　　　　　　　　　　　　　　　横　　　　　修
　　　　　　　　　　　　　　　　横　　　　　恵

　この証書は、平成　年　月　日本公証役場において法定の方式に従って作成し、次に署名押印する。
　　　　東京都中央区八重洲三丁目３番３号
　　　　　東京法務局所属
　　　　　　　　公　証　人　　　公　証　島　寿

　この正本は、嘱託人の請求により、平成　年　月　日本公証役場において原本にもとづき作成した。

　　　　東京都中央区八重洲三丁目３番３号
　　　　　東京法務局所属
　　　　　　　公　証　人　公　証　島　寿（署名）（公証人之印）

2) 協議が調わない場合
　① 夫婦関係調整調停（離婚）の申立て
　② 婚姻費用分担調停の申立て　　　　　　　　　　　　　　　　（1-26）
　　Ⅰ　どこに（管轄）
　　　相手方の住所地の家庭裁判所又は当事者が合意で定める家庭裁判所（家事審判規則129条）　　　　　　　　　　　　　　　　　（1-22-1）
　　Ⅱ　何を（必要的添付書類）
　　　ⅰ　委任状
　　　ⅱ　戸籍謄本又は全部事項証明書
　　　ⅲ　資産・収入に関する資料
　　　ⅳ　離婚とともに年金分割における按分割合（分割割合）に関する調停を求める場合は、年金分割のための情報通知書
　　Ⅲ　いくら（費用）
　　　ⅰ　申立手数料　1,200円
　　　ⅱ　通知費用
3) 調停不成立の場合　離婚訴訟（民法814条）　　　　　　　　（1-23-2）
　　Ⅰ　どこに（管轄）
　　　当事者が普通裁判籍を有する地を管轄する家庭裁判所（専属管轄　人事訴訟法4条）　　　　　　　　　　　　　　　　　　　（1-23-1）
　　Ⅱ　何を（必要的添付書類）
　　　ⅰ　委任状
　　　ⅱ　戸籍謄本又は全部事項証明書（人事訴訟規則13条）
　　　ⅲ　調停不成立証明書（法18条1項）　　　　　（1-22-2、1-25-1）
　　　ⅳ　離婚と共に年金分割における按分割合（分割割合）に関する調停を求める場合は、年金分割のための情報通知書
　　Ⅲ　いくら
　　　ⅰ　申立手数料
　　　　財産権上の請求でない請求は、160万円とみなされます（民事訴訟費用等に関する法律4条2項前段）。　　　　　　　　　（2-32-1）

| 事　　件 | 請求の趣旨 | 訴訟物の価額 | 貼用印紙額 |
|---|---|---|---|
| 離婚請求 | 離婚する | 160万 | 13,000円 |

　財産上の請求でない請求（離婚請求）とその原因である事実から生ずる財産権上の請求（慰謝料請求）は多額に吸収されます（民事訴訟費用等に関する法律4条3項）。　　　　　　　　（1-27-1、2-32-2）

　附帯処分（人事訴訟法32条）の養育費（子供1人について）、財産分与、標準報酬等の按分に関する処分については、1,200円の印紙を加算します。　　　　　　　　　　　　　　　　　　　　（2-32-4）

　なお、親権者の指定は裁判所による職権指定ですので、申立手数料は不要です。　　　　　　　　　　　　　　　　　　　　　　　（2-32-3）

| 事　　件 | 請求の趣旨 | 訴訟物の価額 | 貼用印紙額 |
|---|---|---|---|
| 離婚請求<br>慰謝料請求 | 離婚する<br>100万円支払え | 160万 | 13,000円 |
| 離婚請求<br>慰謝料請求 | 離婚する<br>200万円支払え | 200万 | 15,000円 |
| 離婚請求<br>養育費請求<br>子供1人 | 離婚する<br>養育費月額5万円支払え | 160万 | 13,000円<br>＋1,200円<br>＝14,200円 |
| 離婚請求<br>養育費請求<br>子供2人 | 離婚する<br>養育費<br>各月額5万円支払え | 160万 | 13,000円＋<br>1,200円×2<br>＝15,400円 |
| 離婚請求<br>慰謝料請求<br>財産分与請求 | 離婚する<br>200万円支払え<br>財産分与として<br>1000万円支払え | 200万 | 15,000円<br>＋1,200円<br>＝16,200円 |
| 離婚請求<br>財産分与請求 | 離婚する<br>財産分与を原因として<br>所有権移転登記手続をせよ | 160万 | 13,000円<br>＋1,200円<br>＝14,200円 |

ⅱ　送達費用
4）離婚届出及び親権者の定め
　①　誰が
　　Ⅰ　協議上の離婚の場合　民法764条、739条、戸籍法76条　　（2-31-1）
　　Ⅱ　裁判上の離婚の場合　戸籍法77条、63条　　（2-22-3、2-31-2、3）
　　　訴えを提起した者は、裁判が確定した日から10日以内に届出なければなりません。訴えを提起した者が届出をしないときは、相手方が届出ることができます。
　②　どこに（管轄）
　　届出人の本籍地又は所在地の市役所、区役所又は町村役場（戸籍法25条）
　③　何を
　　Ⅰ　届出人の本人確認のため、本人であることを証明する書類（運転免許証やパスポート等）の持参を要します。出頭せず、確認できない者があるときは、届出を受理したことの通知がなされます。また、予め自らが出頭して届出たことを確認することができないときは、当該届出を受理しないよう申し出することができます（戸籍法27条の２）。
　　Ⅱ　成年の証人２名の署名押印
　　Ⅲ　裁判上の離婚の場合　　　　　　　　　　　　　　　　（1-23-4）
　　　ⅰ　調停（和解）離婚のとき、調停（和解）調書の届出用謄本
　　　ⅱ　審判離婚のとき、審判書の届出用謄本と確定証明書
　　　ⅲ　判決離婚のとき、判決の届出用謄本と確定証明書
5）離婚後の子の監護に関する事項の定め（民法766条、771条）
6）離婚の際に称していた氏を称する届（民法767条、771条、戸籍法77条の２）　　　　　　　　　　　　　　　　　　　　　　　（1-29-1、2、4）
7）子の氏の変更許可及び入籍届（民法791条１項、３項、４項、戸籍法98条、99条）　　　　　　　　　　　　　　　　　　　　　　　　　（1-29-3）
8）財産分与（民法768条、771条）　　　　　　　　　　　　　（1-23-3）
9）年金分割請求（離婚成立の日の翌日から起算して２年以内）
　　平成19年４月１日以後に離婚した場合、婚姻期間中の厚生年金等の保険料納付記録を分割することができます。また、平成20年４月１日以後に離婚し

た場合、婚姻期間のうち、平成20年4月1日以後の第3号被保険者期間中の厚生年金等の保険料納付記録を分割することができます。　　　　(2-33)

　Ⅰ　どこに
　　ⅰ　厚生年金　社会保険事務所
　　ⅱ　私立学校教職員共済年金　日本私立学校振興・共済事業団
　　ⅲ　地方公務員共済　共済組合
　　ⅳ　国家公務員共済年金
　　　　各省庁の共済組合、退職の場合、国家公務員共済組合連合会
　Ⅱ　何を（裁判上の離婚の場合）
　　ⅰ　調停（和解）離婚のとき、調停（和解）調書の謄本又は抄本
　　ⅱ　審判離婚のとき、審判書の届出用謄本又は抄本と確定証明書
　　ⅲ　判決離婚のとき、判決の届出用謄本又は抄本と確定証明書

10）強制執行
　①　直接強制
　　　養育費の一部が不履行となった場合には、期限が到来していない債権につても強制執行できます（民事執行法151条の2）。また、差押禁止債権の範囲も2分の1と減縮、すなわち、差押可能範囲が2分の1と拡大されました（民事執行法152条3項）。　　　　(1-30-4)
　②　間接強制
　　　養育費等の扶養義務等に係る金銭債務については、直接強制の方法による他、間接強制の方法によっても行うことができます（民事執行法167条の15第1項本文）。執行裁判所が、債権者の申立てにより、遅延の期間に応じ、又は相当と認める一定の期間内に履行しないときは直ちに、債務の履行を確保するために相当と認める一定の金額を債権者に支払うべき旨を命ずる方法によることになります（民事執行法172条1項）。

---

**参考書籍**

『全訂七版　書式家事事件の実務
　　―審判・調停から訴訟・執行までの書式と理論』
　　二田伸一郎・小磯治著　民事法研究会　4,800円＋税

## 4. 成年後見制度

### (1) 意義
　成年後見制度とは、認知症の人、知的障害者、精神障害者等判断能力が不十分な方を法律的に保護する制度をいいます。
　契約により後見人等を選任する任意後見制度と裁判所で後見人等選任する法定後見制度があります。

```
成年後見制度─┬─任意後見制度
　　　　　　　└─法定後見制度─┬─成年後見（民法7条、8条、838条2号）
　　　　　　　　　　　　　　　├─保佐（民法11条、12条、876条）
　　　　　　　　　　　　　　　└─補助（民法15条、876条の6）
```

### (2) 任意後見契約 (以下、任意後見契約に関する法律を「法」といいます)
　任意後見契約は、精神上の障害により事理弁識能力が不十分な状況に陥った場合に、生活、療養看護、財産管理に関する事務について代理権を与える契約で、公正証書によってしなければなりません（法2条1号、3条）。
　任意後見監督人が選任された時から、その効力が生じます（法2条1号）。

1) 任意後見契約
　① 何を（必要的添付書類）
　　Ⅰ　本人の印鑑登録証明書、戸籍謄本又は全部事項証明書、住民票（3ヶ月以内のもの）
　　Ⅱ　任意後見受任者の印鑑登録証明書、住民票（3ヶ月以内のもの）
　② いくら（費用）
　　Ⅰ　公正証書作成手数料　　11,000円
　　　　公証人が出向く場合、基本手数料の1.5倍になります。
　　Ⅱ　登記嘱託手数料　　　　1,400円
　　　ⅰ　任意後見監督人の選任前　本人、任意後見受任者、代理権の範囲の登記
　　　ⅱ　任意後見監督人の選任後　本人、任意後見人、任意後見監督人、代理権の範囲の登記

Ⅲ　収入印紙　　　　　　2,600円
　Ⅳ　書留郵便料　　　　　540円
　Ⅴ　証書用紙費用
　　原本については、証書の枚数が横書きの3枚を超えるときは、超過枚数1枚毎に250円、正本・謄本については、1枚250円
　Ⅵ　旅費・日当
　　公証人が出向く場合、旅費実費と日当（1日2万円、4時間まで1万円）が必要となります。

2）任意後見監督人選任申立
① 誰が
　本人、配偶者、四親等内の親族、任意後見受任者
② どこに（管轄）
　本人の住所地（住民登録地）を管轄する家庭裁判所（規則22条、29条、30条の7）
③ 何を（必要的添付書類）
　Ⅰ　申立事情説明書
　Ⅱ　任意後見契約公正証書の写し
　Ⅲ　本人の財産目録（不動産登記事項証明書や通帳のコピーを添付）
　Ⅳ　本人の収支状況報告（領収書のコピーを添付）
　Ⅴ　本人の戸籍謄本又は全部事項証明書（3ヶ月以内のもの）
　Ⅵ　本人の成年後見等に関する登記事項証明書
　Ⅶ　任意後見監督人候補者の住民票又は戸籍の附票（3ヶ月以内のもの）
　Ⅷ　委任状
④ いくら（費用）
　Ⅰ　申立手数料　　800円
　Ⅱ　収入印紙　　　2,600円
　Ⅲ　通知費用
　Ⅳ　鑑定を要する場合、鑑定費用

## (3) 法定後見制度の種類と特徴　　　　　　　　　　　(2-39-1、2)

| | 後　見 | 保　佐 | 補　助 |
|---|---|---|---|
| 対象者（本人） | 事理弁識能力を欠く者 | 事理弁識能力が著しく不十分な者 | 事理弁識能力が不十分な者 |
| 申立人 | 本人、配偶者、四親等内の親族、成年後見人等、任意後見人、成年後見監督人、市区町村長、検察官 | | |
| 申立てに対する本人の同意の有無 | × | × | ○（民法15条2項） |
| 医師による鑑定 | ○（原則） | ○ | ×（原則） |
| 後見人等が同意又は取り消すことができる行為 | 日常生活に関する行為以外の法律行為（民法9条） | 重要な財産関係の権利を得喪する行為等（民法13条1項記載の法律行為） | 申立の範囲内で裁判所が定める行為（民法13条1項記載の法律行為の一部に限る） |
| 後見人等の代理権の有無 | 財産に関する全ての法律行為（民法859条1項） | 申立の範囲内で裁判所が定める特定の行為（本人の同意が必要）（民法876条の4、876条の9） | |

## (4) 後見監督人、保佐監督人、補助監督人

　家庭裁判所が選任した成年後見人等が、適正に後見等事務を行っているかどうかを監督します（民法849条の2、876条の3、876条の8）

## (5) 後見登記制度

裁判所書記官または公証人の嘱託により登記がなされます。東京法務局民事行政部後見登録課が全国の登記事務を取り扱っています。なお、証明書の発行は各地の法務局、地方法務局でも可能です。　　　　　　　(2-39-3)

## (6) 後見、保佐、補助開始審判申立手続

　　　（民法7条、11条、15条、法9条甲類1号　2号・2号の3）　　（1-31）

1) どこに（管轄）

　本人の住所地（住民登録地）を管轄する家庭裁判所（規則22条、29条、30条の7）

2) 何を（必要的添付書類）
   ① 申立事情説明書
   ② 親族関係図
   ③ 本人の財産目録（不動産登記事項証明書や通帳のコピーを添付）
   ④ 本人の収支状況報告（領収書のコピーを添付）
   ⑤ 後見人等候補者事情説明書
   ⑥ 申立人、本人、後見人等候補者の戸籍謄本又は全部事項証明書（3ヶ月以内のもの）
   ⑦ 本人、後見人等候補者の住民票
   　（3ヶ月以内の世帯全員、省略のないもの）
   ⑧ 「成年被後見人、被保佐人、被補助人、任意後見契約の本人とする」登記されていないことの証明書（3ヶ月以内のもの）
   ⑨ 診断書（申立後の鑑定の可否の確認）
   ⑩ 愛の手帳（知的障害者手帳の総合判定の記載のある頁をコピー）
   ⑪ 委任状

3) いくら（費用）
   ① 申立手数料　　800円
   ② 収入印紙　　2,600円
   ③ 通知費用
   ④ 鑑定費用　約10万円

4) 手続の流れ

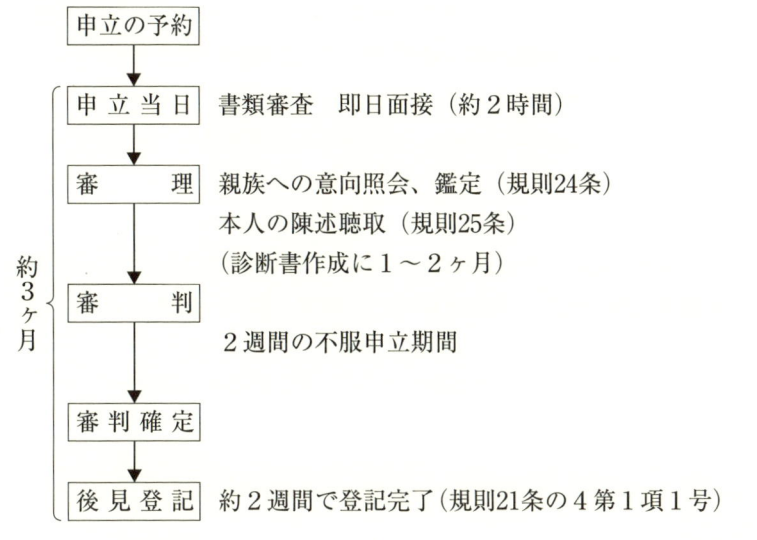

```
申立の予約
    ↓
┌ 申立当日    書類審査　即日面接（約2時間）
│   ↓
│  審　　理   親族への意向照会、鑑定（規則24条）
│            本人の陳述聴取（規則25条）
約  ↓         （診断書作成に1〜2ヶ月）
3  審　　判
ヶ            2週間の不服申立期間
月  ↓
│  審判確定
│   ↓
└ 後見登記   約2週間で登記完了（規則21条の4第1項1号）
```

(2-40-4)

## (7) 成年後見人の職務

### 1) 財産管理業務（民法859条） (2-40-3)

選任後、被後見人の資産、収入、負債を調査し、1ヶ月以内に家庭裁判所に報告します。報告するまでは、後見人として仕事はできませんが、早急に対応しなければならない行為は別です（民法853条1項）。財産目録を作成し、年間の収支予定を立てます。

① 登記事項証明書の取得
② 後見人名義の通帳作成
③ 貸金庫の用意
④ 郵便物の転送手続
⑤ 被後見人の通帳の名義変更、印鑑変更　→　毎月の引落に注意

### 2) 報告義務（民法863条1項）

### 3) 身上配慮義務（民法858条）

生活、療養看護及び財産に関する事務を行うに当たっては、成年被後見人の意思を尊重し、その心身の状態及び生活の状況に配慮しなければなりません。

4) 裁判所の許可を要する行為は以下のとおりです。　　　　　(2-40-2)
　① 本人の居住用不動産の売却、賃貸、賃貸借の解除、抵当権の設定等
　　　→　居住用不動産の処分許可申立（民法859条の3）
　② 本人と成年後見人の利益が相反する場合
　　　→　特別代理人の選任申立（民法860条、826条）
　③ 成年後見人が本人の財産から一定の報酬をもらう。
　　　→　報酬付与の審判申立をします（民法862条）。
5) 後見業務の終了（民法844条、846条、847条、870条）
　成年被後見人の死亡、後見人の死亡、辞任、解任、欠格

# 第4章

## 相続実務手続

1. 戸籍の取寄せ
2. 戸籍の見方
3. 相続実務

# 1. 戸籍の取寄せ

## (1) 戸籍簿・除籍簿
1) 戸籍は、市町村の区域内に本籍を定める夫婦及び氏を同じくする子毎に編成され（戸籍法6条）、正本は市役所又は町村役場に、正本が火災等により焼失した場合の再製資料として予備的に副本が作成され、副本は管轄法務局若しくは地方法務局又は支局が保存しています（戸籍法8条、11条）。
2) 戸籍内の全員を除いたときは戸籍簿から除いて除籍簿に保存されます（戸籍法12条）。

## (2) 戸籍簿・除籍簿の取り寄せ　　　　　　　　　　　　　　(2-24)
1) 本人請求
　戸籍に記載されている者又は配偶者、直系尊属若しくは直系卑属は戸籍謄本・除籍謄本の交付を請求することができます（戸籍法10条）。
2) 第三者請求
　破産管財人・相続財産管理人・成年後見人・遺言執行者は、その権利行使・義務履行に戸籍の記載事項を確認する、国又は地方公共団体の機関に提出する必要があり、その他正当な理由がある場合は、戸籍謄本・除籍謄本の交付を請求することができます（戸籍法10条の2第1項、12条の2）。
3) 職務上の請求
　職務上必要がある場合は、戸籍謄本・除籍謄本の交付を請求することができます（戸籍法10条の2第3項、第4項、第5項、12条の2）。
　この場合、紛争処理上の代理業務、刑事事件における弁護人としての業務等の場合は、依頼者名の記載は不要ですが、その他の職務上の請求、例えば、相続人の確定・登記申請手続・公正証書作成手続の場合は、依頼者名の記載が必要になります。
4) 不正請求に対する制裁
　30万円以下の罰金に処せられます（戸籍法133条）。

5) 請求方法（戸籍法10条の3、12条の2）

郵送の場合、手数料は小為替で納め、返信用封筒を同封します。

出頭の場合、身分証明書を提示します。

## (3) 戸籍の附票

戸籍と住民票との関連性をつけるために設けられた帳簿をいいます（住民基本台帳法16条、17条）。住民票を移動すると本籍地に連絡され、戸籍の附票に記載されます。下記の場合に取り寄せが必要になります。　　(2-24-1)

1) 住所移転のつながりを追う場合
   ① 債務名義（判決・和解調書等）上の住所から住所移転している場合
   ② 登記名義人住所変更登記申請の場合
   ③ 不動産登記事項証明書上の住所と死亡時の住所が異なる場合
2) 相続人の住所を確認する場合

## (4) 改製原戸籍

戸籍の編成変更に伴う場合、コンピュータ化に伴う場合があります。

## (5) 保存期間

除籍ないし改製から150年になりました。改製原戸籍の附票は5年になります。

## 2. 戸籍の見方

(2-23)
### （1）戸籍の記載順序
一つの戸籍に二人以上を記載する場合には、次の順序で記載されます（戸籍法14条）。
① 夫婦が夫の氏を称するときは夫、妻の氏を称するときは妻
② 配偶者
③ 子
　子の間の記載順序は出生の前後によって記載されます。戸籍編成後に、その戸籍に入籍する者がある場合は、戸籍の末尾に記載されています。ただ、その後転籍した場合には、転籍後の戸籍は出生の前後の順序に直して記載されています。

### （2）戸籍の記載事項
1）　本籍欄
　本籍は行政区画、土地の名称及び土地の地番号又は住居表示に関する法律による街区符号のいずれかで表示することになっています。本籍は、日本の統治権の及ぶ範囲であればいずれの地にも設けることができます。他人が本籍にしている場所、他人の所有地あるいは実生活と全く関係のないところに設けることも可能です。
2）　筆頭者氏名欄
　筆頭者については、「氏」及び「名」を記載します。筆頭者が除籍されてもこの欄は消除されません。また、死亡しても「亡」の字は冠記されません。
3）　戸籍事項欄
　一つの戸籍の全体に関する事項を記載するために設けられたもので、同籍者全員に共通する事項として、1）新戸籍の編成、2）氏の変更、3）転籍、4）戸籍の全部の消除、5）戸籍の全部にかかる訂正、6）戸籍の再製又は改製等の事項が記載されます。

4) 身分事項欄

　届出、申請、報告などに基づく各種の身分事項が記載されます。戸籍のなかでも最も重要な記載欄ですので、どの身分事項を誰の身分事項欄に記載するのかは戸籍法施行規則で次のとおり規定されています。

| 1 | 出生に関する事項 | 子 |
|---|---|---|
| 2 | 認知に関する事項 | 父及び子 |
| 3 | 養子縁組（特別養子縁組を除く）又は離縁に関する事項 | 養親及び養子 |
| 4 | 特別養子縁組又は離縁に関する事項 | 養子 |
| 5 | 特別養子縁組又は離縁に関する事項について、養子が外国人の場合 | 養親 |
| 6 | 戸籍法73条の2に規定する離縁の際に称していた氏を称することに関する事項 | 氏を称した者 |
| 7 | 婚姻又は離婚に関する事項 | 夫及び妻 |
| 8 | 戸籍法77条の2に規定する離婚の際に称していた氏を称することに関する事項 | 氏を称した者 |
| 9 | 親権又は未成年者の後見に関する事項 | 未成年者 |
| 10 | 死亡又は失踪に関する事項 | 死亡者又は失踪者 |
| 11 | 生存配偶者の復氏又は姻族関係終了に関する事項 | 生存配偶者 |
| 12 | 推定相続人廃除に関する事項 | 廃除された者 |
| 13 | 父又は母の氏を称する入籍又は成年に達した子の復氏の入籍に関する事項 | 入籍者 |
| 14 | 分籍に関する事項 | 分籍者 |
| 15 | 国籍の得喪に関する事項 | 国籍を取得し又は喪失した者 |
| 16 | 日本の国籍の選択の宣言又は外国の国籍の喪失に関する事項 | 宣言をした者又は喪失した者 |

2　戸籍の見方

| 17 | 戸籍法第107条第2項から第4項までに規定する氏の変更に関する事項 | 氏を変更した者 |
|---|---|---|
| 18 | 名の変更に関する事項 | 名を変更した者 |
| 19 | 就籍に関する事項 | 就籍者 |
| 20 | 配偶者の死亡による婚姻解消事項 | 生存配偶者 |
| 21 | 夫又は妻が外国人の場合（日本人夫婦の一方が日本国籍を喪失した場合を含む）で夫又は妻の国籍に関する事項 | 妻又は夫 |
| 22 | 新戸籍が編成され又は他の戸籍に入る者の入籍に関する事項及び従前の戸籍の表示に関する事項 | 入籍者 |
| 23 | 戸籍の一部を訂正する場合の訂正の趣旨及び事由 | 訂正すべき記載のある者 |

5）父母欄

　実父母の氏名が記載されます。特別養子の場合には養父母の氏名が記載されます。子が嫡出子で父母の氏が同じときはその氏は父のみに記載され、母については省略されています。なお、コンピュータ戸籍の場合には母の氏も省略されずに記載されます。嫡出でない子の場合には、父欄は空欄となります。但し、父の認知があったときは、父欄にその氏名が記載されます。

6）父母との続柄欄

　実父母（特別養子縁組の場合には養父母）との続柄が記載されています。出生の順序に従って「長男・長女」「二男（次男）・二女（次女）」と記載し、男女の性別で数えられています。父母との続柄の数え方については、父母である夫婦ごとにその間の子だけについて数え、父又は母の一方だけが同じ子はその数に入らず個別に数えます。したがって、先妻の子と後妻の子は別々に「長男・長女」と記載されますので、同一戸籍に二人の長男や長女がいる場合もありえます。

7）養父母欄

　この欄は養子縁組をした場合に設けられています。養親が養父又は養母の一方だけの場合には、その一方だけの欄が設けられています。戸籍の異動を

生じないで離縁又は縁組の取消によって養親関係が消滅したときは、その届出に基づいて養子の養父母欄及び養父母との続柄欄が消除されます。

8) 養父母との続柄欄

養父母（特別養子縁組の養父母を除く）との続柄欄が記載されています。

養子が男であれば「養子」、養子が女であれば「養女」と記載されています。

9) 配偶者欄

配偶者のある者について「夫」又は「妻」と記載されています。配偶者が死亡したとき、離婚などによって婚姻が解消したときは、その届出に基づいて消除されることとなっています。

10) 名欄

氏は筆頭者の氏名欄により明らかとなっていますので、各人の「名」のみが記載されます。

11) 出生事項欄

## 3. 相続実務

### (1) 相続の開始原因
相続は、人の死亡によって開始するのが原則です（民法882条）。但し、失踪宣告がなされた場合には、例外的に相続が開始します（民法30条、31条）。
1) 自然死亡
2) 擬制死亡　失踪宣告
　① 普通失踪　　期間満了時に、死亡とみなされます（民法31条1項）。
　② 特別失踪　　危難が去った時に、死亡とみなされます（民法31条2項）。
3) 失踪宣告申立て
　① 誰が
　　法律上の利害関係人（不在者の法定相続人、不在者財産管理人等）
　② どこに（管轄）
　　不在者の住所地の家庭裁判所（家事審判規則38条）
　③ 何を（必要的添付書類）
　　戸籍の附票
　　申立人・不在者の戸籍謄本又は戸籍の記載事項証明書
　　失踪を証する書面（捜索願したことの証明書、危難に遭遇したことの証明書）
　④ いくら（費用）
　　Ⅰ　申立手数料（不在者1名につき）800円
　　Ⅱ　通知費用・送達費用
　　Ⅲ　官報公告料　4,179円（催告　2,650円　失踪宣告　1,529円）
　⑤ 申立後の手続の流れ
　　失踪に関する公示催告（家事審判規則39条～41条）
　　「次の申立人から不在者に対し失踪宣告の申立てがあったので、不在者は、公示催告期間満了の日までに当裁判所に生存の届出をしてください。届出がないときは、失踪宣告を受けることになります。また、不在者の生死を知る者は、同日までにその旨当裁判所に届け出てください。」

失踪宣告審判
↓　　即時抗告期間2週間（家事審判法14条、同規則42条）
審判確定
↓
審判確定の公告・通知（家事審判規則44条）
↓　　審判確定の日から10日以内に失踪届（戸籍法94条、63条1項）
　　　審判書謄本・審判確定証明書添付


(2) 相続人・相続分の確定、遺留分
　共同相続の場合に、遺産に対する各相続人の分け前の割合をいいます。相続分は、まず、被相続人の遺言による指定によって定まり、指定がない場合には、民法の定めに従うこととなります。
　① 指定相続分（民法902条）
　　被相続人は遺言で共同相続人の相続分を定めることができます。相続分の指定を第三者に委託することもできます（民法902条1項）。
　　遺留分に反する指定も無効ではなく、遺留分を侵害された相続人が減殺請求をすることができるにとどまります。
　　相続分の指定があっても、その指定は相続債務には及びません。従って、相続債務については法定相続割合によります。
　② 法定相続分（民法900条）
　　Ⅰ　現行民法の相続人の範囲と相続分　　　　　　　　（1-42、2-34）
　　　ⅰ　相続人の範囲

| 配偶者 890条 | と 第一順位 | 子 | 887条1項 |
| | と 第二順位 | 直系尊属 | 889条1項1号 |
| | と 第三順位 | 兄弟姉妹 | 889条1項2号 |

　　　　取寄せ
　　　　　第一順位　子　　　　　被相続人の出生→死亡までの戸籍取寄せ
　　　　　第二順位　直系尊属　　被相続人の直系尊属を遡って取寄せ
　　　　　第三順位　兄弟姉妹　　父母の出生→死亡までの戸籍取寄せ

ⅱ 相続分　　　　　　　　　　　　　　　　　　　　(1-41)

|  | S55.12.31以前 | | S56.1.1以降 | |
|---|---|---|---|---|
| 900条1号 | 配偶者 | 第1順位 | 配偶者 | 第1順位 |
|  | 1/3 | 2/3 | 1/2 | 1/2 |
| 900条2号 | 配偶者 | 第2順位 | 配偶者 | 第2順位 |
|  | 1/2 | 1/2 | 2/3 | 1/3 |
| 900条3号 | 配偶者 | 第3順位 | 配偶者 | 第3順位 |
|  | 2/3 | 1/3 | 3/4 | 1/4 |

第1順位　子（実子と養子の区別なし）
　配偶者と子が相続する場合、昭和56年1月1日以降の場合、配偶者2分の1、子2分の1、子が数人いるときは、この2分の1の範囲で按分します（民法900条4号本文）。但し、非嫡出子は嫡出子の2分の1となります（民法900条4号但書前段）。

第2順位　直系尊属（実親と養親区別なし）　　　　(1-40)
　配偶者と直系尊属が相続する場合、昭和56年1月1日以降の場合、配偶者3分の2、直系尊属3分の1、直系尊属が数人いるときは、この3分の1の範囲で按分します（民法900条4号本文）。

第3順位　兄弟姉妹　　　　　　　　　　　　　　(1-40)
　配偶者と兄弟姉妹が相続する場合、昭和56年1月1日以降の場合、配偶者4分の3、兄弟姉妹4分の1、兄弟姉妹が数人いるときは、この4分の1の範囲で按分します（民法900条4号本文）。但し、父母の一方のみを同じくする兄弟（半血兄弟）は父母の双方を同じくする兄弟（全血兄弟）の2分の1となります（民法900条4号但書後段）。　　　　　　　　　　　　　　　　(1-42-2)
　配偶者は常に第1順位〜第3順位と同順位になり、第1順位〜第3順位の相続人がいない場合には、配偶者が単独相続になります。

ⅲ　代襲相続（民法887条）
　被相続人の死亡以前に、相続人となるべき子・兄弟姉妹が死亡、廃除、欠格事由があるために相続権を失った場合に、その者の直系卑属がその者に代わってその者の相続分を相続することをいいます。兄弟姉妹の場合には、その子に限られますが、子の場合には孫以下

も代襲相続します。死亡、廃除、欠格事由があるために相続権を失った者の出生から死亡までの戸籍取寄せが必要になります。(1-42-4、1-45、2-35-1)

 iv 数次相続

  被相続人の死亡以後に、相続人となるべき子・兄弟姉妹が死亡した場合に、その者の法定相続人がその者の相続分を相続することをいいます。数次相続の場合、代襲相続と異なり、新たな相続の発生であり、配偶者がいれば、配偶者も相続人となります。

II 変遷 被相続人の死亡時の適用法令に注意を要します。

| | | |
|---|---|---|
| S 22.5.2まで | 旧民法 | 家督相続    遺産相続<br>戸主の死亡の他隠居等 戸主以外の者の死亡<br>**嫡出長男子単独相続** |
| S 22.5.3<br>↓<br>S 22.12.31 | 応急措置法 | **遺産相続のみ共同相続**<br><br>兄弟姉妹代襲なし<br>全血半血兄弟違いなし |
| S 23.1.1<br>↓<br>S 55.12.31 | 現行民法 | 兄弟姉妹代襲あり<br>全血半血兄弟違いあり |
| S 56.1.1<br>↓ | | **配偶者に厚く、遠縁に薄くする改正**<br>法定相続分 民法900条<br>兄弟姉妹の代襲は1代限り<br> 民法889条2項は887条2項のみ準用<br>遺留分 民法1028条 |

 i 旧民法

  旧民法では、家督相続と遺産相続の二本立てになっていました。

  家督相続は、戸主たる地位の相続で、戸主の死亡・隠居・国籍喪失・女戸主の入夫婚姻等が相続開始原因となります。家督相続の場合の相続人は、直系卑属で嫡出子の年長の男子とされていましたが、直系卑属がない場合には、被相続人の指定や親族会の選定により家

督相続人が指定されました。

　家督相続人は、被相続人の一身専属のものを除く全ての権利義務を承継し、相続放棄もできませんでした。

　戸主以外の家族が死亡した場合には、遺産相続が開始します。相続人は、直系卑属（親等の近い者が優先し、親等が同じであれば、共同相続）、配偶者、直系尊属、戸主の順で相続人になります。

　相続人は、被相続人の一身専属のものを除く全ての権利義務を承継しますが、相続放棄は可能でした。

ii　憲法施行に伴う応急措置法

　家督相続制度は適用しないこととなりました。相続については、遺産相続のみとなり、相続割合・遺留分は次のとおりと定められました。

iii　昭和22年の民法改正

　改正の内容は、憲法施行に伴う応急措置法と同じです。昭和22年5月2日以前に開始した相続に関しては、旧民法が適用されます。但し、昭和22年5月2日以前に家督相続が開始し、昭和23年1月1日以後に旧民法によれば家督相続人を選定しなければならない場合には、原則としてその相続については新民法が適用されます。ただ、相続開始原因が入夫の離婚・養子縁組の取消の場合には、相続は開始しなかったものとみなされ、財産の分配請求のみが認められます。

iv　昭和37年の民法改正

　同時死亡推定制度が新設されました（民法32条の2）。代襲相続の制度が整備され、代襲者を被相続人の直系卑属に限定するとともに、孫以下の直系卑属も代襲相続人になることができるようになりました。また、代襲原因発生後相続人の直系卑属になった者の代襲相続が肯定され、兄弟姉妹の直系卑属による代襲相続も肯定されました。

v　昭和55年の民法改正

　兄弟姉妹の直系卑属による代襲相続はその子のみに限定されました（民法889条2項は887条2項のみ準用）。

　寄与分制度が新設されました（民法904条の2）。

Ⅲ　遺留分　　　　　　　　　　　　　　　　　　　　　(1-46)

被相続人の遺志の尊重と相続人の生活保障を考慮し、兄弟姉妹以外の相続人には一定の相続が認められています（民法1028条）。

相続人の一人が遺留分を放棄した場合であっても、他の相続人の遺留分は増加しません（民法1043条）。なお、相続開始前でも家庭裁判所の許可を得て遺留分の放棄することは可能です（民法1043条）。(1-46-1、2)

遺留分権利者及びその承継人は、自己の遺留分を保全するのに必要な範囲で遺贈及び相続開始前の贈与の減殺請求ができますが（民法1031条）、その行使時期は、相続開始及び減殺すべき遺贈及び相続開始前の贈与を知った時から1年、相続開始時から10年になります（民法1042条）。

(1-46-4)

|  |  | S55.12.31.以前 | S56.1.1以降 |
|---|---|---|---|
| 配偶者のみ | 1028条2号 | 1/3 | 1/2 |
| 配偶者　と　第一順位　子 | 1028条2号 | 1/2 | 1/2 |
| 子のみ | 1028条2号 | 1/2 | 1/2 |
| 配偶者　と　第二順位　直系尊属 | 1028条2号 | 1/3 | 1/2 |
| 直系尊属のみ | 1028条1号 | 1/3 | 1/3 |
| 配偶者　と　第三順位　兄弟姉妹 | 1028条本文 | 配のみ　1/3 | 配のみ　1/2 |
| 兄弟姉妹のみ | 1028条本文 | なし | なし |

・争続……

## (3) 遺言 (1-47)

遺言は、民法に定める方式に従わなければすることができません（民法960条）。遺言の方式には、普通方式と特別方式があります。

1) 普通方式

| | 証人 | 署名・押印 | 日付 | 確認手続 | 検認手続 |
|---|---|---|---|---|---|
| 自筆証書遺言 968条 | 不要 | 遺言者－実印又は認印 | 要 | | ○ |
| 公正証書遺言 969条 | 2人以上 | 遺言者－実印<br>証　人　実印又は<br>公証人　認印 | 要 | | |
| 秘密証書遺言 970条 | 2人以上 | 遺言者－実印<br>証　人　実印又は<br>公証人　認印 | 要 | | ○ |

2) 特別方式

① 危急時遺言

| | 証人 | 署名・押印 | 日付 | 確認手続 | 検認手続 |
|---|---|---|---|---|---|
| 一般危急時 976条 | 3人以上 | 証　人－実印又は認印 | | ○ | ○ |
| 船舶危急時 979条 | 2人以上 | 証　人－実印又は認印 | | ○ | ○ |

② 隔絶地遺言

| | 立会人 | 署名・押印 | 日付 | 確認手続 | 検認手続 |
|---|---|---|---|---|---|
| 一般隔絶地 977条 | 警察官1人<br>証人1人以上 | 遺言者<br>筆記者<br>警察官<br>証　人　実印又は認印 | | | ○ |
| 船舶隔絶地 978条 | 船長又は事務員1人<br>証人2人以上 | 遺言者<br>筆記者<br>船　長<br>事務員<br>証　人　実印又は認印 | | | ○ |

自筆証書遺言は、全文、日付及び氏名を自書し、押印が必要です（民法968条１項）。(2-36-1、3)
　公正証書遺言及び秘密証書遺言は公証役場で作成します。
　自筆証書遺言は費用がかかりませんが、遺言書の検認手続が必要であり（民法1004条１項）、遺言執行まで時間もかかり、また、法定相続人全員に遺言書の検認手続について知らせるために法定相続人の確定が必要になります。
　公正証書遺言は作成費用はかかりますが、遺言執行の前提として遺言書の検認手続が不要であり（民法1004条２項）、遺言執行者（1009条、証人、相続人、受遺者でも可能）が選任されていれば、直ちに、遺言執行手続に入ることができ、また手続も簡便です。(2-36-2)
　危急時遺言は死亡の危急に迫った場合に作成されるものですから、遺言の日から20日以内に遺言書の確認手続が必要であり、家庭裁判所の確認を得なければ、その効力を生じません（民法976条４項、979条３項）。
　また、特別方式による遺言の場合は、遺言者が普通方式による遺言をすることができるようになった時から６ヶ月生存するときはその効力を生じません（民法983条）。

3) 遺言公正証書作成

遺言者が病気や加齢で、公証役場に出向くことができない場合には、公証人が遺言者の入院先や自宅に出張して遺言公正証書を作成することも可能です。但し、明確な意識があり、自分の意思で遺言することができる状態でなければなりません。 (2-36-4)

① 何を（必要な資料等）
  Ⅰ 本人確認のための印鑑証明書（3ヶ月以内のもの）及び実印
  Ⅱ 遺言者と相続人との続柄がわかる戸籍謄本
  Ⅲ 遺言で財産を相続人以外の人に遺贈する場合にはその人の住民票
  Ⅳ 遺贈し又は相続させる財産が不動産の場合は、不動産登記事項証明書及び固定資産評価証明書又は固定資産税通知書中の課税明細書
  Ⅴ 不動産以外の財産（預貯金等）の場合には、その明細のわかる資料
  Ⅵ 証人となる者2名の住所・氏名・生年月日・職業
  Ⅶ 遺言執行者の住所・氏名・生年月日・職業

② いくら（費用）（公証人手数料令）
  Ⅰ 証書作成手数料　消費税はかかりません。

| 目的の価額 | 手数料 |
| --- | --- |
| 100万円以下 | 5,000円 |
| 100万円を超え　200万円以下 | 7,000円 |
| 200万円を超え　500万円以下 | 11,000円 |
| 500万円を超え1000万円以下 | 17,000円 |
| 1000万円を超え3000万円以下 | 23,000円 |
| 3000万円を超え5000万円以下 | 29,000円 |
| 5000万円を超え1億円以下 | 43,000円 |
| 1億円を超え3億円以下 | 43,000円に5000万円まで毎に13,000円を加算 |
| 3億円を超え10億円以下 | 95,000円に5000万円まで毎に11,000円を加算 |
| 10億円を超える場合 | 249,000円に5000万円まで毎に8,000円を加算 |

　　　　目的価額は、公証人が証書の作成着手時を基準として、その行為によって得られる利益を金銭で評価したものになります。数個の法律行為が１通の証書に記載されている場合、それぞれの法律行為毎に手数料を計算し、その合計額になります。目的価額を算定することができないときは、原則500万円とみなされます。公証人が出向く場合、基本手数料の1.5倍になります。
　　Ⅱ　証書用紙費用
　　　　原本については、証書の枚数が横書きの３枚を超えるときは、超過枚数１枚毎に250円、正本・謄本については、１枚250円
　　Ⅲ　旅費・日当
　　　　公証人が出向く場合、旅費実費と日当（１日２万円、４時間まで１万円）が必要となります。
4)　遺言書検認申立て（民法1004条1項）
　①　どこに（管轄）
　　　相続開始地（民法883条）の家庭裁判所（家事審判規則120条１項）
　②　誰が
　　　遺言書の保管者又は発見した相続人
　③　何を（必要的添付書類）
　　　被相続人の（出生から死亡までの）戸籍謄本又は全部事項証明書
　　　被相続人の戸籍の附票又は住民票
　　　相続人の戸籍謄本又は全部事項証明書
　　　相続人の戸籍の附票又は住民票
　　　封緘されていない場合、遺言書写し
　④　いくら（費用）
　　　申立手数料　800円
　　　通知費用
5)　遺言書確認申立て（976条4項、979条3項）
　①　どこに（管轄）
　　　相続開始地（民法883条）の家庭裁判所（家事審判規則120条１項）
　　　遺言者の住所地の家庭裁判所（家事審判規則120条２項）

② 誰が
　　立会証人の1人又は利害関係人
③ 何を（必要的添付書類）
　　被相続人の（出生から死亡までの）戸籍謄本又は全部事項証明書
　　被相続人の戸籍の附票又は住民票
　　封緘されていない場合、遺言書写し
④ いくら（費用）
　　申立手数料　800円
　　通知費用

## （4）相続の効力

　相続の開始によって、相続人は財産上の地位を包括承継しますが（民法896条本文）、被相続人の一身専属権は相続の対象とはなりません（民法896条但書）。一身専属権とは、生活保護受給権・身元保証・扶養を受ける権利等被相続人本人でなければ目的を達成されない権利をいいます。
　また、祭祀に関する権利については、慣習、被相続人の指定により承継されます（民法897条1項）。

## （5）相続の承認及び放棄

　相続の承認・放棄は、相続人が自己のために相続の開始があったことを知った時から3ヶ月以内になさなければなりません（民法915条1項）。

(1-43-4、2-35-2)

1）単純承認

　相続人が被相続人の権利義務を全面的に承継することを内容として相続を承認することをいいます（民法920条）。
　次の場合には、相続人は単純承認したものとみなされます（民法921条）。
① 相続人が相続財産の全部又は一部を処分したとき　（1-44-4、2-35-4）
② 熟慮期間を経過したとき
③ 相続人が限定承認・放棄をした後でも、相続財産の全部若しくは一部を隠匿し、私にこれを消費し、又は悪意でこれを財産目録中に記載しなかったとき

2) 限定承認

　相続によって得た財産の限度においてだけ相続した債務及び遺贈を弁済することをいいます（民法922条）。共同相続の場合には、共同相続人全員で行う必要があります（民法923条）。　　　　　　　　　（1-43-3、1-44-3）

3) 相続の放棄　　　　　　　　　　　（1-43-1、2、4、1-44-1、2）

　各相続人が単独で行うことができます（民法938条）。相続債権者を害する場合であっても、詐害行為取消権の対象とはなりません。放棄した者は、最初から相続人ではなかったものとみなされます（民法939条）。　　（2-35-1）

① どこに（管轄）　　　　　　　　　　　　　　　　　　　　（2-35-3）

相続開始地（民法883条）の家庭裁判所（家事審判規則99条1項）

② 誰が

相続人

③ 何を（必要的添付書類）

被相続人の戸籍謄本又は全部事項証明書

被相続人の戸籍の附票又は住民票

相続放棄する相続人の戸籍謄本又は全部事項証明書（相続人であることがわかる範囲が必要になります）

④ いくら（費用）

申立手数料　800円

通知費用

⑤ 申立後の手続の流れ

相続放棄に関する照会

↓

相続放棄申述受理通知

↓

相続放棄申述受理証明申請

※　相続放棄申述時に同時に交付申請（一証明事項150円）

(6) **相続人の不存在**（民法952条1項）

人が死亡した事実はあるものの、相続人がいるのかいないのかわからない場合に、相続財産の管理処分は管理人がいない状態となり、相続債権者等の保護に欠けます。そこで、相続財産の清算手続を開始させて、利害関係人の利益を守りつつ、相続人捜索の法的手続を進めて、相続人がいるのかどうかわからない状態に終止符を打つ手段です。

1) どこに（管轄）

相続開始地（民法883条）の家庭裁判所（家事審判規則99条1項）

2) 誰が

利害関係人（相続債権者、特別縁故者等）

3) 何を（必要的添付書類）

被相続人の（出生から死亡までの）戸籍謄本又は全部事項証明書

被相続人の戸籍の附票又は住民票

相続放棄によって相続人不存在となった場合は、相続放棄をした者の戸籍謄本又は全部事項証明書及び相続放棄受理証明書

申立人及び相続財産管理人候補者の戸籍謄本又は全部事項証明書、住民票

財産目録　不動産登記事項証明書

申立人の利害関係を証する資料

4) いくら（費用）

申立手数料　800円

通知費用

官報公告料　3,670円

5) 申立後の手続の流れ

　　　相続財産管理人選任の公告（民法952条2項）
　　　　　↓　2ヶ月以上
　　　相続債権者・受遺者に対する権利申出の公告（民法957条1項）
　　　　　↓　2ヶ月以上
　　　相続人捜索の公告（民法958条）
　　　　　↓　6ヶ月以上
　　　相続人不存在の確定（民法958条の2）
　　　　　↓　3ヶ月以内

## (7) 特別縁故者への財産分与（民法953条の3）

被相続人に相続人がいない場合、内縁の妻や事実上の養子など法律上は相続人ではないが、実際上被相続人と深い縁故を持っていた者に対して、家庭裁判所の審判により相続財産を与える制度です。

1) どこに（管轄）
   相続開始地（民法883条）の家庭裁判所（家事審判規則99条1項）
2) 誰が
   特別縁故者
3) 何を（必要的添付書類）
   申立人の戸籍謄本又は全部事項証明書、住民票
   財産目録　不動産登記事項証明書
   申立人の特別縁故関係を証する資料
4) いくら（費用）
   申立手数料　800円
   通知費用・送達費用
   官報公告料　3,670円
5) 申立後の手続の流れ（家事審判規則119条の3以下）

   特別縁故に当たる事実の有無の調査（家事審判規則7条）
   ↓
   特別縁故者に対する相続財産分与審判（家事審判規則119条の4第1項）
   ↓
   即時抗告期間2週間（家事審判法14条、同規則119条の7第1項）
   ↓
   審判確定
   ↓
   審判確定の通知（家事審判規則119条の8）
   ↓
   所有権移転登記申請等
   　審判書正本・審判確定証明書添付
6) 処分されなかった相続財産は国庫に帰属します（民法959条）

## (8) 相続財産の処分

1) 遺言がない場合
   ① 遺産分割協議（民法906条、907条1項）
   ② 協議が調わなければ、調停申立（民法907条2項）、審判、訴訟
2) 遺言書がある場合は遺言の実現として、不動産の所有権移転、預貯金の払戻手続になります。
3) 相続証明書の取寄せの範囲まとめ
   ① 公正証書遺言執行の場合
      Ⅰ被相続人の死亡の分かる戸籍と、Ⅱ相続人であることが分かる戸籍で足ります。
   ② 一般危急時遺言、自筆証書遺言の場合
      確認・検認手続を要し、その手続にⅠ被相続人の死亡の分かる戸籍、Ⅱ相続人であることが分かる戸籍、Ⅲ他に相続人がいないことの分かる戸籍まで必要となります。
   ③ 遺産分割協議による場合、法定相続分による相続の場合
      Ⅰ被相続人の死亡の分かる戸籍、Ⅱ相続人であることが分かる戸籍、Ⅲ他に相続人がいないことの分かる戸籍まで必要となります。
   ④ 競売事件で債務者・所有者が死亡している場合
      債権者が代位による相続登記を入れるため、その手続にⅠ被相続人の死亡のわかる戸籍、Ⅱ相続人であることが分かる戸籍、Ⅲ他に相続人がいないことの分かる戸籍、Ⅳ相続放棄の申述ないことの証明まで必要となります。
4) 相続放棄・限定承認の申述の有無についての照会、なき証明交付申請
   ① どこに（管轄）
      相続開始地（民法883条）の家庭裁判所（家事審判規則99条1項）
   ② 誰が
      利害関係人（相続債権者、相続人）

③　何を（必要的添付書類）

被相続人の戸籍謄本又は全部事項証明書（戸籍類については原本還付可能です。写しに「原本に相違ない。弁護士　　㊞」と記名ないし署名、押印し、提出することにより、手続後、原本還付を受けることができます。）

被相続人の戸籍の附票又は除票

相続関係図

照会者が法人の場合、登記事項証明書又は代表者の資格証明書

利害関係を証する書面（金銭消費貸借契約証書・競売申立書）

委任状（照会に引き続き、申述受理証明申請する場合は、委任状に申述受理証明書交付申請の権限も付記します）

④　いくら（費用）

照会及びなき証明手数料　不要

通知費用

⑤　調査期間

第一順位については、被相続人が死亡した日から３ヶ月間

次順位については、先順位者が放棄した日から３ヶ月間

⑥　なき証明交付まで１ヶ月から１ヶ月半程度かかります。

---

**参考書籍**

『戸籍及び住民票等の新しい職務上の請求の方法』
　　日弁連特別研修会

『初心者対象！法律事務職員全国ライブ研修
　　　　　　　～相続事件における事務職員の業務～』
　　日弁連特別研修会

『家事事件の申立書式と手続〔第11版〕』
　　長山義彦・篠原久夫・浦川登志夫・西野留吉・岡本和雄著
　　新日本法規出版　5,400円＋税

# 第5章

# 倒産手続総論

1．私的整理と法的整理
2．再建型手続と清算型手続

## 1. 私的整理と法的整理

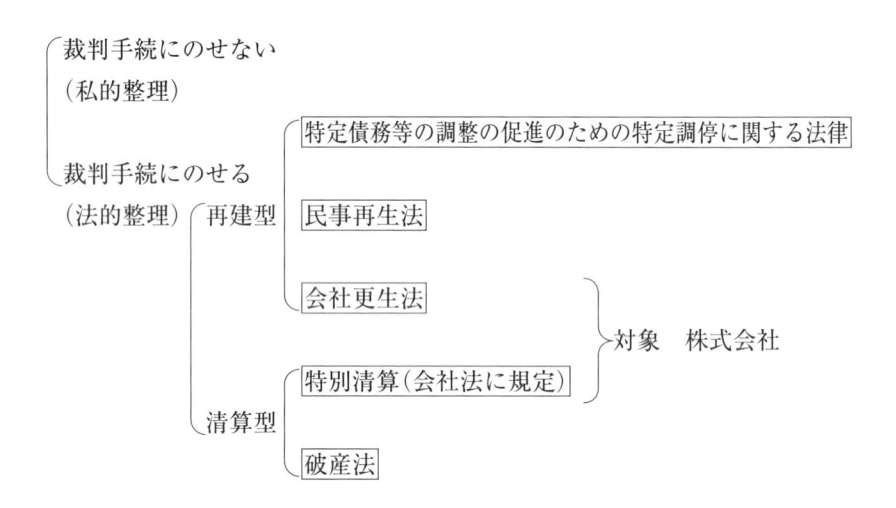

```
┌ 裁判手続にのせない
│ (私的整理)
│
└ 裁判手続にのせる  ┌ 再建型 ┌ 特定債務等の調整の促進のための特定調停に関する法律
  (法的整理)       │       │
                   │       ├ 民事再生法
                   │       │                      ┐
                   │       └ 会社更生法            ├ 対象　株式会社
                   │         ┌ 特別清算(会社法に規定) ┘
                   └ 清算型  │
                             └ 破産法
```

　私的整理とは、法的整理と呼ばれる裁判上の諸手続によらず、債務者と債権者との話し合いに基づく合意によりその債権債務関係を処理することをいいます。私的整理は法的整理のように厳格な手続によらずに、関係人の合意に基づいて、柔軟、簡略、短期の財産関係の処理を期待することができるため、費用も低く済み、その結果高率の配当を予定できるというメリットがあります。その反面、手続が法定されず、裁判所等の公の関与もないため、種々の不正も起きやすく、関係者全員の同意を要し、反対債権者を拘束する手段がない点に、そのデメリットがあります。

　法的整理とは、文字通り破産法をはじめとする倒産に関する各種の法律に基づいて、倒産処理をすすめる方法です。裁判所の関与があるため、公正・公平・透明な財産関係の処理、反対債権者を拘束する手段があるというメリットがあります。その反面、厳格な法的手続によるため、費用が高額となり、高配当率が期待できない点に、そのデメリットがあります。

## 2. 再建型手続と清算型手続

　再建型手続とは、債務者の財産関係を全面的に清算することなく、その取引財産関係を整理して、その事業又は経済生活の再建を図る手続をいいます。
　再建型手続としては、特定調停手続・会社更生手続・民事再生手続があります。
　清算型手続とは、債務者の総財産関係を全面的に清算し、従来の取引活動に結着をつけて、終極的に債権者の適正・公平な満足を図る手続をいいます。また、自然人については経済生活の再生の機会を確保する手続でもあります。清算型の手続としては、破産手続・特別清算手続があります。

### (1) 再建型手続
1) 特定調停手続
　　　特定債務等の調整の促進のための特定調停に関する法律1条
　支払不能に陥るおそれのある債務者等の経済的再生に資するために、民事調停法の特例として特定調停の手続を定めることによって、このような債務者が負っている金銭債務に係る利害関係の調整を促進することを目的とします。調停手続ですので、債権者の同意が必要となります。

2) 民事再生手続
　　　民事再生法1条
　民事再生法に定められる破産予防のための手続をいいます。破産手続開始の原因となる事実の生ずるおそれがあれば申立可能であり（民事再生法21条）、原則、債務者の財産管理処分権は喪失せず（民事再生法38条）、裁判所の後見的監督の下で自主的な再建を図ります。
　対象は自然人及び全ての法人であり、破綻前に申し立てることが可能で、管轄、移送、保全処分が広く認められています。決議の可決要件も、債権額の2分の1となっているほか、簡易な営業譲渡、担保権消滅、増減資等の制度が認められ、迅速に処理でき、簡易再生手続や同意再生手続も用意されています。

通常の民事再生手続においては、再生計画が認可されれば、一定の要件のもとで、債権者表に執行力が付与され（民事再生法180条3項）、計画による弁済を履行しなかった場合の手続取消の簡易化、履行確保に優れています。

3） 会社更生手続
会社更生法1条

会社更生法により株式会社の事業の維持更生を図ることを目的とする裁判上の手続をいいます。企業の解体、清算による社会的損失を防止するための制度で、対象は株式会社に限られています。破産手続開始の原因となる事実の生ずるおそれがあれば申立可能であり（会社更生法17条）、更生会社の経営権・財産管理処分権は喪失し、更生管財人に専属し（会社更生法72条）、再建を図ります。

一般債権者は、手続に参加することを強制され、会社からの任意弁済、債権者による個別執行は許されなくなります。担保権利者も手続に加入することを強制されます。配当は、管財人が作成した更生計画について、関係人集会で可否を問い（又は裁判所が認可を与え）、それに基づいて行われます。

## (2) 清算型手続
1） 特別清算手続
会社法510条～574条

株式会社の清算の遂行に著しい支障を来すような事情があるか、債務超過（清算株式会社の財産がその債務を完済するのに足りない状態）の疑いがあるとき、裁判所の命令によって開始させる清算手続です。既に清算手続に入っている株式会社のみが対象となります。特別清算人は裁判所によって任命されるのではなく、従来の清算人がそのまま就任します。一般の債権者は手続に参加することを要求され、平等に配当を受けることとなります。このため、個別執行が禁止されるのみではなく、担保権の実行による競売手続も中止することができます（会社法512条、515条、516条）。

債権者に対する弁済は、清算人が作成した協定案を債権者集会において可決することによりなされます（会社法563条～572条）。

2) 破産手続

　|破産法1条|

　支払不能又は債務超過の事実があれば申立可能であり（破産法1条、15条、16条）、債務者の財産管理処分権は喪失し、破産管財人に専属し（破産法78条）、債務者の財産関係を全面的に清算し、債権者の適正・公平な満足を図ります。自然人、全ての法人が対象となります。

# 第6章

# 破産手続

1．総論
2．破産手続の開始申立
3．破産手続開始申立権者
4．管轄
5．必要的添付書類
6．費用
7．申立要領（東京地方裁判所）
8．同時廃止事件・管財事件の基準（東京地方裁判所）
9．免責手続
10．復権
11．破産管財手続

## 1. 総論

（以下、破産法を「法」、破産規則を「規則」といいます。）

　破産手続とは債務者がその債務を完済することができない場合に、債務者の総財産をすべての債権者に適正・公平に弁済することを目的とする裁判上の手続をいいます。

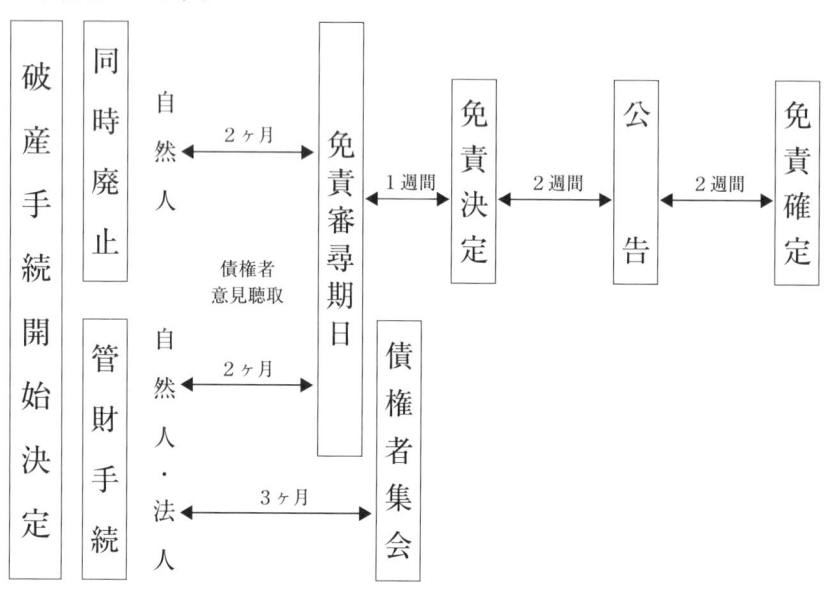

```
                              ┌─1週間─┐       ┌─2週間─┐     ┌─2週間─┐
破産手続  ┌同時廃止─自然人──2ヶ月──┐免責審尋      免責        公告        免責
開始決定 ─┤                        │期日     ─ 決定    ─         ─ 確定
         │          債権者意見聴取  │
         └管財手続─自然人・法人─2ヶ月─┘
                   └────3ヶ月────債権者集会
```

- 同時廃止　→　破産手続開始決定と同時に手続終了（法216条）
- 異時廃止　→　破産手続開始決定と時を異にして手続終了（法217条）

破産法第1条は、「この法律は、支払不能又は債務超過にある債務者の財産等の清算に関する手続を定めること等により、債権者その他の利害関係人の利害及び債務者と債権者との間の権利関係を適切に調整し、もって債務者の財産等の適正かつ公平な清算を図るとともに、債務者について経済生活の再生の機会の確保を図ることを目的とする。」と定めています。この規定を具体的に考えてみると、次のようになると考えられています。
① 債権者間の公平な満足
　　債権者平等の原則を前提として、欠乏している財産をめぐって激しく対立する多数の債権者に公平に分配します。
② 債務者の保護
　　債権者からの債務者に対する個人攻撃をなくし、誠実な債務者には免責の利益を与え、経済的再起を図ります。
③ 社会経済上の利益
　　早期に破産手続を開始することで、負債が膨張することをくいとめ、社会へ与える影響をできるだけ小さくすること、つまり、経済的に破綻した者を経済社会から廃除することで、自由主義経済を保護します。
④ 債権者の利益
　　債務者が法的清算手続を取ることにより、税法上も債務者に対する債権を損金として処理することが認められやすくなります。

　従って、債務者が支払不能又は債務超過に陥った場合、債権者に対する責任財産の保全を図り、公平に配当することが破産手続においては求められ、申立代理人にも責任財産の保全についての職責が求められます。
　また、債権者等全利害関係者のために手続の迅速性も求められます。破産法改正により、法律上も簡易迅速な手続になりました。
　実務上、この責任財産の保全・換価と迅速処理との利益衡量の上、手続を進めることが重要なポイントとなります。

さらに、最終的には、債務者の責任財産による適正かつ公平な配当が目的ですが、金銭の配当事案は現実には数％です。しかしながら、適正な責任財産の調査・換価を経た上での財産と負債についての情報の配当という意味もあり、手続における透明性も求められます。

　これらの基本理念をふまえて、手続処理をすることが申立代理人にも破産管財人にも求められます。

## 2. 破産手続の開始申立

### (1) 破産手続開始の原因　　　　　　　　　　　　　　(2-42-1)
破産手続を開始するための債務者の財産状態の破綻を示すものとして定められた事由は以下のとおりです。
1) 原則
　債務者が支払不能にあるときが破産手続開始原因の原則です（法15条1項）。また、債務者が支払を停止したときは、支払不能にあるものと推定されます（法15条2項）。
2) 債務者が法人の場合
　債務者が法人の場合には、支払不能又は債務超過が破産手続開始の原因となります（法16条1項）。ただ、存立中の合名会社及び合資会社の場合には、債務超過は破産手続開始の原因とはなりません（法16条2項）。従って、債務超過が破産原因とされるのは、原則的には物的会社のみです。
3) 債務者が相続財産法人の場合
　債務者が相続財産法人の場合、相続財産をもって相続債権者及び受遺者に対する債務を完済することができないと認めるときが破産手続開始の原因となります（法223条）。

### (2) 支払不能・支払停止・債務超過
1) 支払不能
　全ての債務者に共通する破産原因です。弁済能力の欠乏のため、弁済期が到来した債務を一般的かつ継続的に弁済することができないと判断される客観的状態をいいます。
　① 弁済能力の欠乏
　　財産、信用、労務のいずれをとっても債務を支払う力のないことをいいます。資産があっても換価が困難であれば支払不能となりますが、財産がなくとも信用、収入があれば支払不能ではありません。

② 弁済能力の欠乏が一般的、継続的であること。
　Ⅰ　一般的とは、総債務支払いのための資力が不足していることをいいます。
　Ⅱ　継続的とは、一時的な手許不如意を排除する趣旨です。
③ 客観的支払不能
　主観的判断は支払不能とは無関係です。支払不能であるか否かはあくまでも客観的に判断されます。

2) 支払停止　　　　　　　　　　　　　　　　　　　　　(2-42-2、3)

　それ自体は破産原因とはされていませんが、支払不能を推定させる事実とされています。弁済期の到来した債務を一般的、継続的に弁済することができない旨を外部に表示する債務者の行為が支払停止とされます。具体的には、次のような事実があれば、支払停止とされ、支払不能と推定されます。
① 不渡手形の発生
② 銀行取引停止処分
③ 支払えない旨の明示による通知
④ 夜逃げ

3) 債務超過

　債務超過とは、債務者がその債務につき、その財産をもって完済することができない状態をいいます。つまり、債務額の総計が資産額の総計を超過している状態です。そして、この債務額には期限未到来の債務も含まれます。
　この債務超過が、物的会社及び相続財産の破産原因として認められているのは、物的会社の場合には会社財産のみが債務の引当となるからです。自然人の場合には信用や才覚によって経済的危機を脱することができる可能性もあるため、債務超過が破産手続開始原因とはされていないのです。

## 3. 破産手続開始申立権者　　　　　　　　　　　　（1-33-2）

1) 債権者（法18条1項、2項）
　債権者は、法的清算において一番の利害関係人です。債権者は自らの債権の存在と破産原因の存在を疎明して、破産申立をすることができます。「自己破産」と区別し、「債権者破産」や「債権者申立破産」ということもあります。

2) 債務者（法18条1項）
　債務者による早期の申立てによって共同担保の減少を防止して、債権者の保護を図り、免責等により債務者の保護も図ることができます。債務者による破産申立を「自己破産」といいます。
　法人については、理事、取締役、業務を執行する社員又は清算人の全員が破産手続開始の申立てをするときには自己破産となります。

3) 債務者に準ずる者（法19条）
　法人に関しての破産手続開始申立ての場合には、取締役、業務を執行する社員又は清算人に申立権が認められています。これら法人の取締役、業務を執行する社員又は清算人には、法人の債務超過を発見したときには破産申立義務が課せられている場合もあるからです。
　これらの債務者に準ずる者が個別に法人の破産手続開始の申立てをする場合には、破産手続開始の原因となる事実を疎明しなければならないとされています。
　この他、相続財産法人の場合、相続財産管理人や遺言執行者にも破産申立権限があります。

## 4. 管轄（法5条、6条） (1-33-04)

1) 債務者が、営業者であるとき、その主たる営業所の所在地を管轄する地方裁判所。
2) 債務者が、営業者で外国に主たる営業所を有するものであるとき、日本におけるその主たる営業所の所在地を管轄する地方裁判所。
3) 債務者が、営業者でないとき又は営業者であっても営業所を有しないとき、その普通裁判籍の所在地を管轄する地方裁判所。
4) 1)～3)の規定による管轄裁判所がないとき、債務者の財産の所在地（債権については、裁判上の請求をすることができる地）を管轄する地方裁判所。
5) 親子法人の場合
   親法人について破産事件、再生事件又は更生事件が係属しているときにおける当該子会社についての破産手続開始の申立ては、親法人の破産事件等が係属している地方裁判所にもすることができます。
   また、子会社について破産事件等が係属しているときにおける親法人についての破産手続開始の申立ては、子会社の破産事件等が係属している地方裁判所にもすることができます。
6) 大会社と連結子会社の場合
   大会社について破産事件等が係属している場合、連結子会社（当該大会社の直前の決算期において会社法444条の規定により当該連結子会社に係る連結計算書類が作成され、かつ、定時総会において当該連結計算書類が報告されたものに限る）についての破産手続開始の申立ては、当該大会社の破産事件等が係属している地方裁判所にもすることができます。
   また、当該連結子会社について破産事件等が係属している場合における当該大会社についての破産手続開始の申立ては、当該連結子会社の破産事件等が係属している地方裁判所にもすることができます。
7) 法人と法人の代表者の場合
   法人について破産事件等が係属している場合における当該法人の代表者についての破産手続開始の申立ては、当該法人の破産事件等が係属している地

方裁判所にもすることができます。

　法人の代表者について破産事件又は再生事件が係属している場合における当該法人についての破産手続開始の申立ては、当該法人の代表者の破産事件又は再生事件が係属している地方裁判所にもすることができます。

8) 人的な関連管轄

　次に掲げる者のうちいずれか一人について破産事件が係属しているときは、それぞれ当該各号に掲げる他の者についての破産手続開始の申立ては、当該破産事件が係属している地方裁判所にもすることができます。

① 相互に連帯債務者の関係にある個人
② 相互に主たる債務者と保証人の関係にある個人
③ 夫婦

9) 大規模破産事件の管轄

① 破産債権者の数が500以上であるとき

　　管轄地方裁判所の所在地を管轄する高等裁判所の所在地を管轄する地方裁判所にも、破産手続開始の申立てをすることができます。

② 破産債権者の数が1000以上であるとき

　　東京地方裁判所又は大阪地方裁判所にも、破産手続開始の申立てをすることができます。

10) 管轄の競合

　以上の規定により2つ以上の地方裁判所が管轄権を有するときは、破産事件は、先に破産手続開始の申立てがあった地方裁判所が管轄することとなります。

11) 管轄の移送（法7条）

　裁判所は、著しい損害又は遅滞を避けるため必要があると認めるときは、職権で、破産事件及び当該免責許可の申立てに係る事件を他の管轄を有する地方裁判所のいずれかに移送することができます。

## 5. 必要的添付書類（規則14条3項、15条）

① 債務者が個人であるときは、その住民票の写しであって、本籍の記載が省略されていないもの
② 債務者が法人であるときは、その登記事項証明書
③ 破産手続開始申立の日の直近に作成された債務者の貸借対照表及び損益計算書
④ 債務者が自然人であるときは、破産申立前１ヶ月間の債務者の収支を記載した書面（実務上は、２ヶ月間について求められます）
⑤ 債務者が個人であるときは、確定申告書の写し、源泉徴収票の写し、その他債務者の収入の額を明らかにする書面
⑥ 債務者の財産目録
⑦ 破産債権及び破産財団に属する財産の状況に関する資料
⑧ 破産手続の円滑な進行を図るために必要な資料

## 6. 費用（法22条）

1) 申立手数料（収入印紙で納付）
   ① 自己破産申立て　　　1,000円　　免責許可申立て　500円
   ② 債権者破産申立て　20,000円
2) 予納郵券（東京地方裁判所）
   ① 自己破産申立て　　4,000円（200円×8枚、80円×29枚、10円×8枚）
   ② 債権者破産申立て　14,100円
      　　　　　　　　　（420円×10枚、350円×10枚、200円×10枚、
      　　　　　　　　　80円×50枚、10円×40枚）
3) 予納金基準額（東京地方裁判所）
   ① 同時廃止事件　　　　10,290円
   ② 管財事件
      Ⅰ 自己破産申立事件
         ⅰ 自然人　　　　16,090円及び最低20万円
         ⅱ 法　人　　　　12,830円及び最低20万円
      Ⅱ 債権者破産申立事件及び本人申立事件

| 負債総額 | 法人 | 自然人 |
|---|---|---|
| 5000万円未満 | 70万円 | 50万円 |
| 5000万円以上1億円未満 | 100万円 | 80万円 |
| 1億円以上5億円未満 | 200万円 | 150万円 |
| 5億円以上10億円未満 | 300万円 | 250万円 |
| 10億円以上50億円未満 | 400万円 ||
| 50億円以上100億円未満 | 500万円 ||
| 100億円以上 | 700万円以上 ||

## 7. 申立要領（東京地方裁判所）

1) 申立書
   印紙貼付　日付　債務者氏名・商号　ふりがな　郵便番号
2) 添付書類の順番

| 自然人 | 法　人 |
|---|---|
| 申立書<br>住民票<br><br>委任状<br>債権者一覧表<br>資産目録（一覧・明細）<br>報告書ないし陳述書<br>家計の状況<br>その他 | 申立書<br>商業登記事項証明書<br>取締役会議事録<br>委任状<br>債権者一覧表　債務者一覧表<br>資産目録<br>報告書<br>代表者の陳述書<br>その他 |

3) 手続の流れ
   ① 申立書及び添付書類・予納郵券を民事20部受付に提出します。
   ② 裁判官面接（予約不要）
      面接時間は、申立当日若しくは、申立日の翌日から起算して3日以内の午前9時15分〜11時30分、午後1時〜2時の間です。債務者本人の同行は不要です。
   ③ 面接終了後、決定正本は普通郵便で代理人事務所に送付されます。
      Ⅰ　同時廃止について問題がないと認められる事件
         面接当日午後5時に破産手続開始決定と同時に破産手続廃止決定
      Ⅱ　管財事件
         原則　申立てた週の翌週水曜午後5時に破産手続開始決定
   ④ 予納金納付
      Ⅰ　窓口納付（20部　午前9時30分〜12時、午後1時〜3時
         高裁・地裁合同庁舎出納課　午前9時〜12時、午後1時〜5時）

Ⅱ 銀行振込（納付書と保管金提出書を出納第二課保管金係に提出）
Ⅲ 電子納付（申立書に登録コード記載、保管金提出書届き次第、電子納付、受取証書が裁判所から届きます）
⑤ 管財事件の場合
Ⅰ 面接後、裁判所より管財人候補者の連絡がくるので、直ちに管財人事務所に申立書及び添付書類副本、打ち合わせ補充メモ、預り金・回収金精算書を送付し、打ち合わせ期日の問合せ、破産開始決定後、引継予納金についての振込先を確認します。打ち合わせは管財人の都合がつかない場合を除いて、開始決定までに行います。なお、引継予納金が分割の場合、遅くとも第１回債権者集会の１週間前までに振込みを完了します。
Ⅱ 破産手続開始決定後の破産者の郵便物は管財人に転送されますので、破産者との連絡に注意します。
Ⅲ 手続進行のため、管財人からの協力要請に応じた対応をします（申立代理人と管財人との協働による手続進行　規則26条２項）。
Ⅳ 破産者が住所を変更する場合は、事前に管財人の許可を得て転居後、住民票添付の上、裁判所に上申します。
Ⅴ 債権者集会での破産開始決定前の事情等について、債権者の質問に対応します（法40条１項、２項）。

## 8. 同時廃止事件・管財事件の基準（東京地方裁判所）

① 資産類型毎に20万円を超える資産があるか
　現　金
　預貯金　申立直前の記帳要、合算（「おまとめ」等）記帳は取引履歴要
　　　　　多額の入出金の内容確認
　　　　　　積立預金、定期預金の確認
　　　　　　給与、公共料金、固定資産税・保険の引き落とし口座の確認
　保険の解約返戻金
　自動車処分見込額
　過払金
　退職金見込額の8分の1相当額
② 被担保債権額が担保付不動産処分見込み額の1.5倍以下か
　同時廃止事件でオーバーローン上申の場合、最低2社の取引業者による査定が必要となります。
③ 資産調査が充分になされているか
　回収可能財産がないか。
　否認権行使により財団形成される見込みがないか。
④ 負債総額5000万円以上か、多数債権者が存在するか
⑤ 免責不許可事由の程度
⑥ 法人は全件、管財事件
　法人代表者は原則、法人と併せて管財事件です。
⑦ 個人事業主の場合は原則、管財事件
　事業継続の有無、廃業からの経過年数、負債額・内容、清算状況等考慮します。

# 9. 免責手続

## (1) 意義
　免責とは、自然人たる破産者に対して、破産手続による配当によって弁済されなかった残余の債務についてその責任を免除することをいいます。債務者の債務そのものは消滅しないものの、その債務の支払責任を消滅させるものです。つまり、免責を受けた債務者の債権者に対する債務は「自然債務」となります。

## (2) 免責制度の理念
1) 破産の主目的が債権者の権利実現にあることを前提とし、それに誠実に協力した破産者に対してその特典として免責を与えます。
2) 破産者の更生を図ります。

## (3) 免責許可申立て（法248条）
　債務者が破産手続開始の申立てをする、自己破産手続開始申立ての場合には、破産手続開始申立てと同時に免責許可の申立てをしたものとみなし、例外的に免責許可を不要とする場合に、免責許可の申立てをしたとみなされないことを望む意思を表示することができるとしています（4項）。

　なお、債権者申立破産の場合には、免責許可申立てのみなし規定は適用されませんので、債務者は、破産手続開始の申立てがあった日から破産手続開始の決定が確定した日以後1ヶ月を経過する日までの間に、破産裁判所に対し免責許可の申立てをする必要があります（1項）。この場合、債務者の責めに帰することができない事由により破産手続開始の決定が確定した日以後1ヶ月を経過する日までの間に免責許可の申立てをすることができなかった場合には、その事由が消滅した後1ヶ月以内に限り、当該申立てをすることができます（2項）。

## (4) 強制執行の禁止（法249条）　　　　　　　　（1-35-2、2-43-2）

　免責許可の申立てがあり、かつ、破産手続廃止の決定、又は破産手続終結の決定があったときは、当該免責申立てについての裁判が確定するまでの間は、破産者の財産に対する破産債権に基づく強制執行、仮差押え若しくは仮処分若しくは破産債権を被担保債権とする一般の先取特権の実行若しくは留置権による競売、破産債権に基づく財産開示手続の申立て、破産債権に基づく国税滞納処分はすることができず、破産債権に基づく強制執行等の手続で破産者の財産に対して既にされているもの及び既にされている財産開示手続は中止されます（1項）。但し、租税債権に基づく交付要求は禁止されていません。そして、免責許可の決定が確定したときは、中止した破産債権に基づく強制執行等の手続、破産債権に基づく財産開示手続は、その効力を失います（2項）。

1) 同時廃止事件
　①　破産開始決定と同時に、執行手続中止を上申します。

---

平成　　年（ル）第　　　号債権差押命令申立事件
債　権　者　　横　　　　恵
債　務　者　　横　　　　修
第三債務者　　株式会社パラリ


　　　　　　　　上　申　書
　　　　　　　　　　　　　　　　　　　　年　月　日

　　地方裁判所　債権執行係　御中

　　　　　　　　破産者　横　修
　　　　　　　　　　代理人弁護士　弁　護　詩太郎　印


　頭書事件について、債務者は下記のとおり破産手続開始決定を受けましたので、当該執行手続を中止されるよう上申致します。
　なお、破産法248条4項但書の意思表示はしておりません。
　　　　　　　　　記
　　事件番号　平成　　年（フ）第　　　　号
　　破産手続開始日時　平成　年　月　日午後5時

　　　　　　　添　付　書　類
　1　破産手続開始決定　　　　　　1通

② 免責確定後、執行手続を取消します。

---

平成　年(ル)第　　　号債権差押命令申立事件
債　権　者　　　横　　　　恵
債　務　者　　　横　　　　修
第三債務者　　　株式会社パラリ


　　　　　　　　上　　申　　書
　　　　　　　　　　　　　　　　　　　　　年　月　日
　地方裁判所　債権執行係　　御　中


　　　　　　　　破産者　横　修
　　　　　　　　　代理人弁護士　弁　護　詩太郎　印

　頭書事件について、債務者は下記のとおり破産手続開始決定を受け、今般免責決定が確定しましたので、当該執行手続を取消されるよう上申致します。
　　　　　　　　　　記
　　事件番号　平成　　年（フ）第　　　　号
　　破産手続開始日時　平成　年　月　日午後５時

　　　　　　　添　付　書　類
１　免責決定　　　　　　　　　　　１通
１　免責決定確定証明書　　　　　　１通

2) 管財事件
　① 破産開始決定と同時に、執行手続取消を上申します。
　　Ⅰ　本差押の場合

```
平成　　年(ル)第　　　号債権差押命令申立事件
債　権　者　　　横　　　　恵
債　務　者　　　横　　　　修
第三債務者　　　株式会社パラリ


　　　　　　　　上　申　書
　　　　　　　　　　　　　　　　　　　年　月　日

　　地方裁判所　債権執行係　御中


　　　　　　　　　　破産者　横　修
　　　　　　　　　　　　代理人弁護士　弁　護　詩太郎　印


　頭書事件について、債務者は下記のとおり破産手続開始決定を
受け、当職が破産管財人に選任されましたので、当該執行手続を
取り消されるよう上申致します。
　　　　　　　　　　　記
　　事件番号　平成　　年（フ）第　　　　　号
　　破産手続開始日時　平成　年　月　日午後５時

　　　　　　　　添　付　書　類
　1　破産管財人資格証明書及び印鑑証明書　　1通
```

　なお、確定期限の到来していない養育費等要保護性の高い請求権について
は、将来発生する請求権は破産債権ではないので、破産手続開始決定後の新
得財産である給与に対する差押えは失効しません。破産開始決定前に期限到
来する部分の一部取消上申となります。

Ⅱ　仮差押の場合

```
平成　年（ヨ）第　　　号債権仮差押命令申立事件
債　権　者　　　横　　　　恵
債　務　者　　　横　　　　修
第三債務者　　　株式会社パラリ
                上　申　書
                                    年　月　日
    地方裁判所　保全係　　御　中
        破産者　横　修　破産管財人
                        弁護士　弁　護　詩太郎　印
    当事者の表示　　別紙当事者目録記載のとおり
    仮差押債権の表示　別紙仮差押債権目録記載のとおり

    頭書事件について、平成　年　月　日付けで仮差押決定が出さ
  れていますが、　地方裁判所平成　年（フ）第　　　号
  破産手続開始申立事件において、債務者横修につき、平成　年　月
  日午後5時破産手続開始決定がなされました。
    よって、破産法42条2項により、本件仮差押えの効力は、破産
  財団に対する関係では消滅したことを当事者に通知されるよう上
  申致します。
                添　付　書　類
  1　破産管財人資格証明及び印鑑証明書　　　1通
```

　何　を　　　　破産管財人資格証明及び印鑑証明書
　いくら　　　　郵券　90円×（債権者・第三債務者の人数分）
　どうやって　　上申書（当事者目録及び仮差押債権目録を添付）
　　　　　　　　　×（裁判所・債権者・第三債務者の人数分）提出
　なお、当事者目録の債務者の表示は下記のとおりです。
　　東京都千代田区外神田六丁目6番6号　　弁護法律事務所
　　（破産者住所　東京都中央区日本橋一丁目1番1号）
　　　債務者　破産者横修破産管財人弁護士　弁　護　詩太郎

② 供託されている場合
　Ⅰ　本差押の場合
　　差押命令の効力発生後、すなわち、第三債務者への送達時（民事執行法145条4項）から破産開始決定日の前日までの分は財団を構成し、その後の分は原則として破産者の新得財産ですが、破産開始決定日前後の分が供託されている場合、破産者の合意を取り（破産者の実印押印、印鑑証明書添付）、破産管財人が支払委託により払渡請求することもできます。
　　なお、破産手続開始決定日と執行の配当実施日の期間が短い場合、配当が実施され、差押債権者が配当金を受領してしまうこともありますので、払渡請求は早急に行う必要があります。

```
　平成　　年(リ)第　　　　号債権差押命令申立事件
　債　権　者　　横　　　　恵
　債　務　者　　横　　　　修
　第三債務者　　株式会社パラリ

　　　　　　　　上　　申　　書
　　　　　　　　　　　　　　　　　　　　年　月　日
　　地方裁判所　債権配当係　　御　中

　　　　　　　破産者　横　修　破産管財人
　　　　　　　　　　　　弁護士　弁　護　詩太郎　印

　頭書事件について、債務者は下記のとおり破産手続開始決定を
　受け、執行手続は取消されましたので、当職に支払委託されたく
　上申します。
　　　　　　　　　　　　記
　　　事件番号　平成　　年（フ）第　　　　号
　　　破産手続開始日時　平成　年　月　日午後5時
```

Ⅱ 仮差押の場合

```
平成　　年(ヨ)第　　　号債権仮差押命令申立事件
債 権 者　　　横　　　　恵
債 務 者　　　横　　　　修
第三債務者　　株式会社パラリ
```

執行取消証明申請書

　　　　　　　　　　　　　　　　　　　　　　年　月　日

　地方裁判所　保全係　御　中

　　　　　　破産者　横　修　破産管財人
　　　　　　　　　　　弁護士　弁 護 詩太郎　印

　頭書事件について、申立てが取り下げられ、かつ、執行取消手続がなされたことを証明されたく申請致します。

添　付　書　類
1　破産管財人資格証明書及び印鑑証明書　　1通

何　　を　　　破産管財人資格証明及び印鑑証明書
いくら　　　　印紙　150円
どうやって　　申請書　正・副提出

### (5) 免責審尋期日

必要的審尋期日の制度を設けず、裁量で期日を指定して審尋をすることができるとしました。東京地方裁判所では、免責審尋期日を設けています。

### (6) 免責についての調査及び報告（法250条）

裁判所は、破産管財人に、免責許可の事由の有無又は免責許可の決定をするかどうかの判断に当たって考慮すべき事情についての調査をさせ、その結果を書面で報告させることができます（1項）。この場合、破産者は、破産管財人が行う調査に協力しなければならないとされています（2項）。

この調査協力義務の内容としては、裁判所が定める審尋期日への出頭、虚偽の陳述の禁止、財産状況開示への応答があります。破産者がこの調査協力義務に違反した場合には、免責不許可事由となります（法252条1項）。

また、裁判所は、免責許可の申立てをした者に対し、免責不許可事由の有無又は免責許可の決定をするかどうかの判断に当たって考慮すべき事情についての調査のために必要な資料の提出を求めることができます（規則75条）。

### (7) 免責についての意見申述（法251条）

裁判所は、免責許可の申立てがあったときは、破産手続開始の決定があった時以後、破産者につき免責許可の決定をすることの当否について、破産管財人及び破産債権者が裁判所に対し意見を述べることができる期間を定め、その期間を公告し、かつ、破産管財人及び知れている破産債権者にその期間を通知しなければならず、その期間は、公告が効力を生じた日から起算して1ヶ月以上でなければならないとされています。

債権者等が意見を申述する場合、期日においてする場合を除き、書面でしなければならないとされ、その意見の申述は、法252条1項各号に掲げる免責不許可事由に該当する具体的な事実を明らかにしてしなければならないとされています（規則76条）。

## (8) 免責許可決定の要件（法252条）

1) 裁判所は、破産者について、次の免責不許可事由のいずれにも該当しない場合には、免責許可の決定をします（1項）。

① 債権者を害する目的で、破産財団に属し、又は属すべき財産の隠匿、損壊、債権者に不利益な処分その他の破産財団の価値を不当に減少させる行為をしたこと。隠匿や損壊は、行為の性質自体から債権者を害する目的が認められます。廉価売却等の不利益処分については、資金繰りの必要に迫られて行われたものではなく、債権者を害する積極的目的が必要となります。行為の結果である財産価値の減少も、実質的に債権者の利益を侵害する程度のものである必要があります。

② 破産手続の開始を遅延させる目的で、著しく不利益な条件で債務を負担し、又は信用取引により商品を買い入れてこれを著しく不利益な条件で処分したこと。クレジットカードで購入した商品を換価して資金を捻出するような行為が該当します。

③ 特定の債権者に対する債務について、当該債権者に特別の利益を与える目的又は他の債権者を害する目的で、担保の供与又は債務の消滅に関する行為であって、債務者の義務に属せず、又はその方法若しくは時期が債務者の義務に属しないものをしたこと。この種の行為は、否認権行使の対象ともなりますが、否認と異なって支払不能等を基準とする時期的要件はありません。但し、債務者の資力が十分あれば、特別の利益供与であっても他の債権者を害する目的が認められないこととなりますので、結果的に支払不能時期になされたことが必要となります。

④ 浪費又は賭博その他の射幸行為をしたことによって著しく財産を減少させ、又は過大な債務を負担したこと。浪費とは、支出の程度が社会的に許されうる範囲を逸脱することを意味し、その結果、責任財産を著しく減少させ、又は過大な債務を負担し、破産債権者の利益を害するものである必要があります。

(2-45-2)

⑤ 破産手続開始の申立てがあった日の1年前の日から破産手続開始の決定があった日までの間に、破産手続開始の原因となる事実があることを知りながら、当該事実がないと信じさせるため、詐術を用いて信用取引により財産を取得したこと。客観的に支払不能の状態にある破産者が単

にその事実を相手方債権者に告知しないまま借り入れを行ったとか、借り入れに当たって負債内容を正確に表示しなかった程度では「詐術」には該当しません。債務者が負債内容について質問された場合に、積極的に虚偽の事実を告知した場合や、資産・収入が存在するように積極的に債権者を誤信させる行為がある必要があります。詐術が認定された場合でも、それが軽微で、債権者の側に調査を怠ったような重大な過失があれば、裁量免責の可能性があります。

⑥ 業務及び財産の状況に関する帳簿、書類その他の物件を隠滅し、偽造し、又は変造したこと。債務者の積極的意思が必要となりますので、無知無能による商業帳簿の不備は不許可事由とはなりません。

⑦ 虚偽の債権者名簿を提出したこと。破産者が過失によって債権者名簿に記載すべき債権者を一部脱落させた場合には、その債権が非免責債権になるにとどまります。破産者が破産債権者を害する目的で特定の債権者名を秘匿したり、架空の債権者名を記載した場合には、債権者名簿自体が虚偽のものとみなされる場合があります。

⑧ 破産手続において裁判所が行う調査において、説明を拒み、又は虚偽の説明をしたこと。

⑨ 不正の手段により、破産管財人、保全管理人、破産管財人代理又は保全管理人代理の職務を妨害したこと。理由なく破産財団所属財産の引き渡しを拒否したり、処分禁止の保全処分に違反して財産を処分する等の行為が該当します。

⑩ 次に掲げる事由のいずれかがある場合において、それぞれに定める日から7年以内に免責許可の申立てがあったこと。　　　　　　(2-45-1)

　　イ　免責許可の決定が確定したこと
　　　　当該免責許可の決定の確定の日
　　ロ　民事再生法に規定する給与所得者等再生における再生計画が遂行されたこと
　　　　当該再生計画認可の決定の確定の日
　　ハ　民事再生法に規定するハードシップ免責の決定が確定したこと
　　　　当該免責の決定に係る再生計画認可の決定の確定の日

⑪　破産者の説明義務（法40条1項1号）、破産者の重要財産開示義務（法41条）又は免責についての調査報告義務（法250条2項）に規定する義務その他この法律に定める義務に違反したこと。

2）　裁量免責（2項）　　　　　　　　　　　　　　　　　　(2-45-3)

　1）に掲げる免責不許可事由がある場合であっても、裁判所は、破産手続開始の決定に至った経緯その他一切の事情を考慮して免責を許可することが相当であると認めるときは、免責許可の決定をすることができます。

　裁判所は、不許可事由該当行為の程度、破産原因が生じるに至った経緯、破産者の今後の生活設計、その他の一切の事情を総合的に考慮し、破産免責によって、破産者の経済的再生を図ることが破産者自身にとっても社会にとっても好ましくないと判断される場合には、免責を不許可とします。

3）　免責許可決定の送達（3項）

　裁判所は、免責許可の決定をしたときは、直ちに、その裁判書を破産者及び破産管財人に、その決定の主文を記載した書面を破産債権者に、それぞれ送達しなければなりません。

4）　免責不許可決定の送達（4項）

　裁判所は、免責不許可の決定をしたときは、直ちに、その裁判書を破産者に送達します。

5）　免責許可申立の裁判についての不服申立

　免責許可の申立てについての裁判に対しては、即時抗告をすることができます（5項）。この即時抗告についての裁判があった場合には、その裁判書を当事者に送達しなければなりません（6項）。

6）　免責許可決定の効力発生時

　免責許可の決定は、確定しなければその効力を生じません（7項）。

## (9) 免責許可決定の効力（法253条）
1) 免責許可の決定が確定したときは、破産者は、破産手続による配当を除き、破産債権について、その責任を免れます（1項）。
2) 非免責債権
   ① 租税等の請求権
   ② 破産者が悪意で加えた不法行為に基づく損害賠償請求権
   ③ 破産者が故意又は重大な過失により加えた人の生命又は身体を害する不法行為に基づく損害賠償請求権
   ④ 民法752条の規定による夫婦間の協力及び扶助義務に係る請求権
   ⑤ 民法760条の規定による婚姻から生ずる費用の分担の義務に係る請求権
   ⑥ 民法766条（同法749条、771条及び788条において準用する場合を含む）の規定による子の監護に関する義務に係る請求権　　　　(2-45-4)
   ⑦ 民法877条から第880条までの規定による扶養義務に係る請求権
   ⑧ ④から⑦までに掲げる義務に類する義務であって、契約に基づくもの
   ⑨ 雇用関係に基づいて生じた使用人の請求権、使用人の預り金の返還請求権
   ⑩ 破産者が知りながら債権者名簿に記載しなかった請求権
       但し、当該破産者について破産手続開始の決定があったことを知っていた者の有する請求権を除く。
   ⑪ 罰金等の請求権
3) 免責許可決定の保証人等への効力（2項）
   免責許可の決定は、破産債権者が破産者の保証人その他破産者と共に債務を負担する者に対して有する権利及び破産者以外の者が破産債権者のために供した担保に影響を及ぼしません。
4) 免責許可決定確定の場合の破産債権者表への記載（3項）
   免責許可の決定が確定した場合において破産債権者表があるときは、裁判所書記官は、これに免責許可の決定が確定した旨を記載する必要があります。

## (10) 免責取消決定（法254条）
1) 次の場合裁判所は、免責取消しの決定をすることができます（1項）。
   ① 法265条の罪（詐欺破産罪）について破産者に対する有罪の判決が確定したとき。
   ② 破産者の不正の方法によって免責許可の決定がされた場合において、破産債権者が当該免責許可の決定があった後1年以内に免責取消しの申立てをしたとき。
2) 裁判所は、免責取消しの決定をしたときは、直ちに、その裁判書を破産者及び申立人に、その決定の主文を記載した書面を破産債権者に、それぞれ送達します（2項）。
3) 不服申立

   免責取消決定の申立てについての裁判及び職権による免責取消しの決定に対しては、即時抗告をすることができます（3項）。

   この即時抗告についての裁判があった場合には、その裁判書は当事者に送達されます（4項）。
4) 免責取消しの決定が確定したときは、免責許可の決定は、その効力を失います（5項）。この場合において、免責許可の決定の確定後免責取消しの決定が確定するまでの間に生じた原因に基づいて破産者に対する債権を有するに至った者があるときは、その者は、新たな破産手続において、他の債権者に先立って自己の債権の弁済を受ける権利を有します（6項）。

## 10. 復権

### (1) 意義
　破産者が破産手続開始決定によって受けている、行為の権利・資格の制限を取り除き、その法的地位を回復させることをいいます。
　破産法自体には公私の権利の制限規定は置かれていませんが、他の法令には種々の制限があり、これらの制限から破産者を解放し、一定の職務に復帰することにより破産者の経済的再起更生を図ります。　　　　　　(2-43-3)

### (2) 復権事由（法255条1項）
① 免責許可の決定が確定したとき。
② 債権者の同意による破産廃止の決定（法218条1項）が確定したとき。
③ 再生計画認可の決定が確定したとき。
④ 破産者が、破産手続開始の決定後、詐欺破産罪（法265条）について有罪の確定判決を受けることなく10年を経過したとき。

### (3) 復権の決定（法256条）
　破産者が弁済その他の方法により破産債権者に対する債務の全部についてその責任を免れたときは、破産裁判所は、破産者の申立てにより、復権の決定をしなければならないとされています（1項）。裁判所は、この復権の決定の申立てがあったときは、その旨を公告します（2項）。そして、破産債権者は復権の決定の申立ての公告が効力を生じた日から起算して3ヶ月以内に裁判所に対し、その申立てについて意見を述べることができます（3項）。裁判所は、復権の申立てについての裁判をしたときは、その裁判書を破産者に、その主文を記載した書面を破産債権者に、それぞれ送達します（4項）。そして、この申立てについての裁判に対しては、即時抗告をすることができます（5項）。

## 11. 破産管財手続

```
破産手続開始決定
  │
  ├─ 債権確定手続
  │  （債権届管理、債権調査、
  │    債権認否、別除権不足額確定）
  │
  ├─ 財産調査・換価回収手続
  │
  │    取戻権　否認権　別除権
  │                              → 債権者集会 → 配当
```

## (1) 破産手続開始決定前の保全処分

1) 中止命令（法24条）

　裁判所は利害関係人からの申立て又は職権で、破産手続開始の申立てについて決定があるまでの間、次の手続の中止を命じることができます。

① 強制執行、仮差押、仮処分、一般の先取特権の実行、留置権（商法の規定によるものを除く）による競売、企業担保権の実行手続で破産財団に属する財産に対して既になされているもの。但し、その申立人である債権者に不当な損害を及ぼすおそれがない場合に限られます。なお、破産手続開始の決定がされた場合、破産債権となるべき債権に基づくものだけでなく、財団債権となるべき債権を被担保債権とする手続も含まれます。従って、労働債権に基づく強制執行も中止命令の対象となります。

② 債務者の財産関係の訴訟手続

③ 債務者の財産関係の事件で行政庁に係属しているものの手続

④ 債務者の責任財産制限の手続

　但し、債務者に責任財産制限手続開始の決定がなされていない場合に限られます。

2) 包括的禁止命令（法25条）

　債務者の主要な財産に関し、手続開始決定前の保全処分をした場合又は保全管理命令をした場合で、中止命令によっては、破産債権者間の平等を害するおそれのほか破産手続の目的を十分に達成することができないおそれがあると認めるべき特別の事情があるときは、利害関係人の申立て又は職権で、全ての債権者に対し強制執行等及び国税滞納処分（国税滞納処分の例による処分を含み、交付要求を除く）の禁止を命じることができます（1項）。なお、裁判所は一定の範囲の強制執行等又は国税滞納処分を包括的禁止命令の対象から予め除外することもできます（2項）。

　包括的禁止命令が出されると、債務者の財産に対して既になされている強制執行等の手続は中止されます（3項）。

3) 債務者の財産に関する保全処分（法28条）
① 債務者の財産に関する処分禁止の仮処分その他の保全処分の制度も設けられています（1項）。
② 裁判所が弁済禁止の保全処分を命じた場合で、債権者がその行為の当時保全処分がされたことを知っていたときは、債権者は破産手続の関係においては、保全処分に反してされた弁済その他の債務を消滅させる行為の効力を主張することはできません（6項）。
4) 否認権のための保全処分（法171条）。

裁判所は、破産手続開始の申立てがあった時から当該申立てについての決定があるまでの間において、否認権を保全するため必要があると認めるときは、利害関係人（保全管理人が選任されている場合にあっては、保全管理人）の申立てにより又は職権で、仮差押、仮処分その他の必要な保全処分を命ずることができます。

この保全処分が命じられた場合において、破産手続開始の決定があったときは、破産管財人は、当該保全処分に係る手続を続行することができますが、その続行手続は、破産手続開始の決定後1ヶ月以内に破産管財人によって行われる必要があり、破産管財人がその期間内に保全処分に係る手続を続行しないときは、当該保全処分はその効力を失います（法172条1項、2項）。

なお、破産管財人が、保全処分に係る手続を続行しようとする場合において、既に立てられた保全のための担保の目的物の全部又は一部が破産財団に属する財産でないときは、その担保の全部又は一部を破産財団に属する財産による担保に変換しなければなりません（法172条3項）。

5) 保全管理命令（法91条1項）

利害関係人の申立て又は裁判所の職権により、債務者が法人である場合に限り、債務者の財産の管理及び処分が失当であるとき、その他債務者の財産の確保のために特に必要があると認めるときは、債務者の財産に関し、保全管理人による管理を命じる処分（保全管理命令）をすることができます。

6) 保全処分申立の濫用防止（法29条）

破産手続開始の申立てをした者は、破産手続開始決定前に限って、申立てを取り下げることができますが、保全処分がなされた後に破産申立を取り下げるには、破産裁判所の許可を得る必要があります。

## (2) 破産手続開始決定

1) 破産手続開始決定（法30条1項）

裁判所は、破産手続開始の申立てがあった場合において、破産手続開始の原因となる事実があると認めるときは、次の①②③のいずれかに該当する場合を除き、破産手続開始の決定をします。　　　　　　　　　　　(2-42-4)

① 破産手続の費用の予納がないとき（国庫仮支弁を除く）
② 不当な目的で破産手続開始の申立てがされたとき
③ その他申立てが誠実にされたものでないとき

2) 破産手続開始決定は、その決定の時から効力を生じます（法30条2項）。

3) 破産手続開始決定は、書面でなされ、破産手続開始決定書には、手続開始決定年月日のみならず、手続開始決定の時間も記載されます。これは、破産手続開始の効力が判決等と異なりその決定の時から即時に発生するため、その時点を明らかにする必要があるからです。

4) 同時処分（法31条）

破産裁判所は破産手続開始決定と同時に次の事項について決定しなければならないとされています。

① 破産管財人の選任
　　1人又は数人の破産管財人を選任します。
　　法人を破産管財人に選任することもできます。
② 破産債権届出期間
③ 財産状況報告集会期日
④ 債権調査期間又は債権調査期日

5) 破産手続開始の公告・通知（法32条）

破産手続においては、破産手続開始決定に関する通知をはじめとして、法律上又は規則上、裁判所又は裁判所書記官が多数の破産債権者等に対して通知ないし書面の送付を行う必要がある場合に、これらの事務を破産管財人の同意を得て、破産管財人に対して取り扱わせることができるようになっています（規則7条）。

6) 登記及び登録
① 個人である債務者及び相続財産について破産手続開始決定があった場合、裁判所書記官は、破産者に関する登記（商法5条、6条の未成年者の営業登記や同6条、7条の後見人に関する営業登記を含む）、破産財団に属する権利で登記されたもの（不動産、船舶、自動車等）があることを知ったときは、職権で破産手続開始の登記を嘱託します（法258条1項）。そして、当該財産が破産財産に属しないこととされた場合、破産管財人がその登記がされた権利を放棄し、その登記の抹消嘱託の申立てをした場合も、職権で遅滞なくその登記の抹消を嘱託します（法258条3項）。
② 法人である債務者について破産手続開始決定があった場合、裁判所書記官は、本店又は主たる事務所の所在地の登記所に破産手続開始決定の登記を嘱託します（法257条）。

7) 不服申立
破産手続開始の申立てについての裁判に対しては、即時抗告をすることができます（法33条1項）。

## (3) 破産手続開始の効果

1) 破産財団の範囲（法34条）　　　　　　（1-36-3、1-37-3、2-43-1）

　固定主義とは、破産開始決定時に破産者に帰属する財産のみで破産財団を構成する考え方です。一方、膨張主義とは、破産開始決定後に破産者が取得した財産も破産財団を構成するとする考え方です。

　日本の破産法は固定主義をとっていますが、これは、膨張主義によれば、破産手続が早期に終結せず破産者の経済的更生が遅れること、破産開始決定後に新たに現れた債権者に不利益があること等が理由となっています。

　従って、破産者が破産手続開始の時において有する一切の財産（日本国内にあるかどうかを問いません。）、破産手続開始前に生じた原因に基づいて行うことがある将来の請求権は破産財団となります（1項、2項）。

　将来の債権の代表例としての退職金は、一般的には給料の後払いと考えられていますので、破産開始決定当時退職していなくても、破産開始決定時に退職したと仮定した場合に支払われるべき退職金債権は既に発生しているということになります。そして、民事執行法152条2項は退職金の4分の3は差押禁止としていますので、破産開始決定時に退職した場合に支払われるべき退職金の4分の1が法律上は破産財団に属することとなります。ただ、実務の運用では破産手続開始時に実際に退職金が支払われるものではないことを考慮して、退職金の8分の1のみを破産財団に組み入れるという運用がなされていることも多くあります。

　但し、次に掲げる財産は、破産財団に属しません（3項）。
① 標準的な世帯の必要生計費（1ヶ月33万円）の3ヶ月分に相当する金額（99万円）
② 差押禁止財産
③ 自由財産の拡張（4項）　　　　　　（1-37-1、2、4、2-46-4）
　　個人の破産者に自由財産の範囲を拡張すべき特別の事由がある場合には、裁判所は、破産手続開始の決定があった時から当該決定が確定した日以後1ヶ月を経過する日までの間、破産者の申立てにより又は職権で、決定で、破産者の生活の状況、破産手続開始の時において破産者が有していた財産の種類及び額、破産者が収入を得る見込みその他の事情を考慮して、破産財団に属しない財産の範囲を拡張することができるように

なっています。そして、裁判所がこの自由財産拡張の決定をするに当たっては、破産管財人の意見を聴かなければならないとされています（5項）。

　　自由財産拡張申立を却下する決定に対しては、破産者は即時抗告をすることができます（6項）。自由財産拡張決定又は即時抗告についての裁判があった場合には、その裁判書は破産者及び破産管財人に送達されます（7項）。
2）　東京地方裁判所における自由財産拡張手続
　下記については、自由財産拡張の裁判があったものとみなされます。但し、②③④について各複数あり、総額が20万円を超える場合は、全部について破産財団を構成することになります。
① 　99万円以下の現金（法34条3項1号、民事執行法131条3号）
② 　残高20万円以下の預貯金
③ 　見込額が20万円以下の生命保険契約解約返戻金
④ 　処分見込価額が20万円以下の自動車
　　　なお、輸入車のような高級車を除いて、減価償却期間（普通乗用車6年、軽自動車・商用車4年）を経過している場合、査定不要です。換価不要の自動車については自動車税負担・運行供用者責任回避のため、管財人は直ちに資産放棄許可を取り、本人に連絡することになります。
⑤ 　居住用家屋の敷金債権
⑥ 　電話加入権
⑦ 　支給見込額の8分の1相当額が20万円以下の退職金債権
⑧ 　支給見込額の8分の1相当額が20万円を超える退職金債権の8分の7
⑨ 　家財道具
⑩ 　差押えを禁止されている動産又は債権
　　　その他の財産については原則換価しますが、管財人が相当と認めるときは、換価不要となり、自由財産拡張の裁判があったものとみなされます。また、換価等により得られた金銭から管財人報酬及び換価費用を控除した額の全部又は一部を破産者に返還させることもできます。

3) 法人の存続の擬制（法35条）

　他の法律の規定により破産手続開始の決定によって解散した法人又は解散した法人で破産手続開始の決定を受けたものは、破産手続による清算の目的の範囲内において、破産手続が終了するまで存続するものとみなされます。

4) 破産者の事業の継続（法36条）　　　　　　　　　　　（1-36-4）

　破産手続開始の決定がされた後であっても、破産管財人は裁判所の許可を得て、破産者の事業を継続することができます。

5) 破産者の居住に係る制限（法37条）　　　　　（1-36-01、2-43-4）

　破産者はその申立てにより裁判所の許可を得なければ、その居住地を離れることができません。

　なお、東京地方裁判所の実務の取り扱いでは、従前通り、管財人の同意で足り、裁判所の許可を求める必要はなく、申立代理人から管財人に書面により同意を得た上で、その旨の上申書を裁判所に提出します。

6) 破産者の引致（法38条）

　裁判所は、必要と認めるときは、破産者の引致を命ずることができます。そして、破産手続開始の申立てがあったときは、裁判所は、破産手続開始の決定をする前でも、債務者の引致を命ずることができます。

7) 破産者等の説明義務（法40条）

　破産者、破産者の代理人、破産者が法人である場合のその理事、取締役、執行役、監事、監査役及び清算人等、破産者の従業者は、破産管財人若しくは債権者委員会の請求又は債権者集会の決議に基づく請求があったときは、破産に関し必要な説明をしなければなりません。但し、破産者の従業者に説明を求める場合には、裁判所の許可が必要となります。

8) 破産者重要財産開示義務（法41条）

　破産者は破産手続開始の決定後遅滞なく、その所有する不動産、現金、有価証券、預貯金その他裁判所が指定する財産の内容を記載した書面を裁判所に提出しなければなりません。破産者がこの財産状況を記載した書面を裁判所に提出しない場合、故意に虚偽の記載をした場合には、罰則の対象となるとともに、免責不許可事由となります。

9) 通信の秘密の制限（法81条） (1-36-2、2-43-4)

　裁判所は、破産管財人の職務の遂行のため必要があると認めるときは、信書の送達の事業を行う者に対し、破産者にあてた郵便物等を破産管財人に配達すべき旨を嘱託することができます。なお、東京地方裁判所の実務の取り扱いでは、全件について郵送転送嘱託を実施しています。法人の場合は手続が終了するまで、自然人の場合は原則、第1回の財産状況報告集会まで実施され、例外的に延長が必要な場合は、事前にFAXで延長上申します。

10) 資格制限 (2-43-3)

　弁護士法や警備業法等各種業法において、破産開始決定を受けて復権を得ない者は、特定の職業に就くことができず、現在その職業にある場合であっても破産開始決定を受けることによって、資格を喪失することが定められているものがあります。他人の財産を管理することを業とする職業の場合、破産による資格制限規定がよくあります。

　なお、破産開始決定を受ければ、本籍地に破産開始決定を受けた旨の通知がなされますが、戸籍には記載されません。本籍地に破産開始決定を受けたことが通知されるのは、法律上、破産開始決定を受けていないことの証明書の提出を求められる場合に、その証明は本籍地の役場が行うからです。戸籍に記載されるために通知されるのではありません。また、当然選挙権を失うこともありません。

## (4) 債権確定手続
### 1) 実体法上の権利の変容と各権利の確定

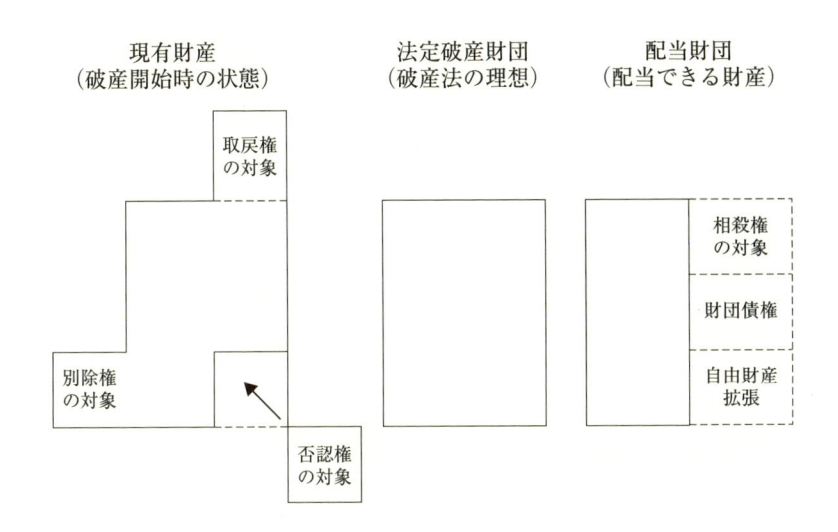

```
現有財産              法定破産財団           配当財団
(破産開始時の状態)     (破産法の理想)        (配当できる財産)

         取戻権
         の対象
                                              相殺権
                                              の対象

                                              財団債権

別除権                                         自由財産
の対象                                         拡張
         否認権
         の対象
```

　破産財団とは、破産者の財産又は相続財産であって、破産手続において破産管財人にその管理及び処分をする権利が専属するものをいいます（法2条14号）。

　破産財団には、法定破産財団、現有破産財団、配当財団という観念があり、破産手続開始時に破産者の支配に属する財産（現有財産）には、取戻権や別除権の対象となる財産が含まれている一方で、否認権の対象となる財産が破産者の支配の外にあります。そこで、破産管財人は破産手続を通じてこの現有財産を破産法の理想とする法定破産財団に近づけるべく破産財団を管理します。

　そして、この形成された法定破産財団から、相殺権の対象となる部分、財団債権となる部分、自然人については自由財産の拡張となる部分が控除され、残った部分である配当財団が破産債権者に按分して配当されることとなります。

① 所有権　→　取戻権、その他、特別の取戻権
　Ⅰ　一般の取戻権（法62条）
　　　第三者は特定の財産が破産者に属せず、従って破産財団に属さないことを主張して、その目的財産を破産財団から取り戻すことができます。これを取戻権といいます。取戻権を有する者は、破産管財人を相手方として、その権利を行使することとなります。行使に当たっては、破産手続による必要はなく、訴訟上、訴訟外の適切な方法であればよいとされています。
　　　なお、破産管財人が100万円以上の目的物の取戻権を承認する場合には、破産裁判所の許可が必要です（法78条2項13号、同条3項、規則25条）。
　　　一般の取戻権の基礎となる権利には、ⅰ所有権、ⅱ物の引渡請求権、ⅲ問屋の委託者の問屋に対する引渡請求権があります。
　Ⅱ　特別の取戻権（法63条、64条）
　　　実体法上の支配権とは無関係に破産法が特別の考慮から創設したものをいいます。
　　ⅰ　運送中の物品の売主等の取戻権（法63条1項）
　　ⅱ　問屋の物品の取戻権（法63条3項）
　　ⅲ　代償的取戻権（法64条）

② 担保権 → 別除権（法65条）
　Ⅰ　破産手続開始時において破産財団に属する財産につき特別の先取特権、質権又は抵当権・根抵当権を有する者がこれらの権利の目的である財産について法65条1項の規定により行使することができる権利を別除権といいます。民法等の実体法で担保権と認められているものは、債務者が債務を弁済しないときに他の債権者に先立って担保目的物から債権を回収することを目的として設定されています。従って、債務者が破産した場合に、この担保権の効力が認められないとなれば、担保の意味がないに等しいこととなってしまいますので、破産手続においてもこのような担保権を別除権として、本来担保権に認められていた効力については破産の影響を受けずに行使することを可能としています。
　　　　　　　　　　　　　　　　　　　　　　　　　　（1-36-3、2-46-1）

　破産管財手続において、法定担保物権である動産売買の先取特権（民法311条、304条）がよく問題となります。不動産と違って公示手段がありませんが、商取引における動産売買においては、売買代金と引き換えで動産を引き渡すことが少ないので、一定の要件のもと法定担保物権として保護されます。しかし、この動産、又は動産を転売したことによる売買代金請求権のほとんどが財団を形成する場合、財団に対する一般の破産債権者の利害も大きく関係してきますので、財団をめ

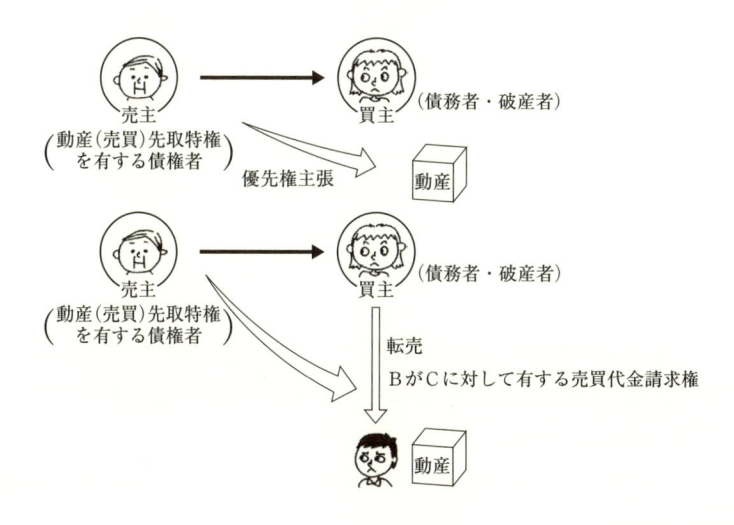

ぐる利害関係の拮抗する場面となります。

別除権は、破産手続によらないで行使することができます。つまり、民事執行法による担保権実行が認められます。なお、担保権の目的である財産が破産管財人による任意売却その他の事由により破産財団に属しないこととなった場合において当該担保権がなお存続するときに当該担保権を有する者も、その目的である財産について別除権を有しています。

Ⅱ　別除権者の破産債権行使（法108条）

別除権者は別除権の行使のほか、同時に破産債権者でもある場合には破産債権者としての地位も有しています。別除権者は、当該別除権に係る被担保債権については、その別除権の行使によって弁済を受けることができない債権の額についてのみ、破産債権者としてその権利を行使することができます。

但し、当該担保権によって担保される債権の全部又は一部が破産手続開始後に担保されないこととなった場合には、その債権の当該全部又は一部の額について、破産債権者としてその権利を行使することもできます。

Ⅲ　最後配当における根抵当権の被担保債権の取扱い（法196条3項、4項）

破産管財人は、根抵当権によって担保される破産債権については、当該破産債権を有する破産債権者が、破産管財人に対し、当該根抵当権の行使によって弁済を受けることができない債権の額を証明しない場合においても、これを配当表に記載しなければならないとされています。そして、この場合最後配当の許可があった日における当該破産債権のうち極度額を超える部分の額については、最後配当の手続に参加することができます。つまり、別除権のうち、根抵当権については、別除権の実行による不足額が確定していない場合であっても、根抵当権の抹消登記手続を経ることなく、極度額を超える部分は別除権のない破産債権として実行することができることとなります。

Ⅳ　担保権消滅制度（法186条以下）

破産管財人が別除権の目的物を処分する場合、別除権の目的財産の

受戻し（担保権の消滅）と任意売却を一括で行い、代金の一部を破産財団に組み入れるという取り扱いが行われますが、本来担保権を実行しても配当・弁済を受けることができない後順位担保権者の同意を得なければならず、これらの者に対して、判子代と称して、一定の金額を支払わざるを得ませんでした。

そこで、破産管財人が別除権の目的物を任意処分する場合、裁判所の許可を得て目的財産について存在する全ての担保権を消滅させ、また、任意売却により取得できる金銭の一部を担保権者への弁済等に充てずに破産財団に組み入れることにより破産債権者への配当原資とすることができるとしました。

③　詐害行為取消権（民法424条）　　　　　　　　　　（1-35-4、2-44）
　→　詐害行為否認（法160条）＋偏頗行為否認（法162条）

Ⅰ　破産者が破産手続開始決定前になした破産債権者を害すべき行為の効力を破産財団との関係において失わせ、破産財団の状態を原状に回復する権利をいいます（法167条）。破産手続開始前においては、債務者がその財産を処分することは本来自由なはずですが、債務者に支払能力が不足している段階で、債務者のこのような自由な処分を認めれば、債権者に対する責任財産を減少させ、債権者の利益を害することとなりますので、破産手続開始決定前の債務者の行為であっても、一定の要件がある場合には、破産手続開始決定の後に破産管財人がその行為を否認することができるとされています。

否認権の要件が具備されれば、一定の行為を否認する旨の破産管財人の意思表示によって、はじめて否認の効果が発生するとされ、否認の意思表示によって当然に財産権が破産財団に復帰し、破産管財人が管理処分権を行使できることになりますが、その効果は否認の相手方に対してのみ、破産手続の限りで生じます。なお、否認の訴え及び抗弁のみならず、否認の請求という制度により決定手続で否認権を行使することができるようになりました（法173条、174条）。

Ⅱ 否認の一般的要件
　ⅰ 有害性
　　否認の対象となる行為は、破産債権者にとって有害なものでなければなりません。有害性を欠く行為は、詐害行為否認、偏頗行為否認のいずれの対象にもなりません。
　　有害性の立証については、詐害行為否認では破産管財人に有害性の立証責任があり、偏頗行為否認では受益者側に有害性の欠缺についての立証責任があります。破産手続の目的を実現するために、受益者等の利益を犠牲にしても破産債権者のために破産財団を充実させなければならないとの要請に基づくものだからです。
　ⅱ 不当性
　　行為自体が破産債権者にとって有害なものであるとみなされる場合であっても、その行為がなされた動機や目的を考慮して、破産債権者の利益を不当に侵害するものでないと認められるときには、否認の成立可能性が阻却されることがあります。ある行為が破産債権者にとって有害なものであっても、破産債権者の利益より優先する社会的利益（国民の生存権、事業の継続という社会的価値、地域経済社会に果たしている役割）を考慮して、否認の成立可能性を阻却するための概念です。破産債権者の利益を犠牲にしても受益者の利益を保持する必要があるか否かが問題となります。不当性を欠く行為としては、生活費や事業の運転資金を捻出するための財産売却や担保設定がありますが、生活費であれば、最低生活を維持するために必要な公共料金でなければならないとされています。なお、不当性の欠缺は、否認の不成立を主張する受益者の側に立証責任があります。
Ⅲ 詐害行為否認（法160条）
　詐害行為とは、破産者の責任財産を絶対的に減少させる行為をいいます。財産の廉価売却等が代表例です。但し、平常時であれば、廉価売却であっても詐害行為とはされませんが、実質的危機時期（破産原因たる支払不能や債務超過状態が発生し、又はその発生が確実であるとされる時期）が到来すれば、合理的理由のないまま債務者が責任財

産を減少させる行為は詐害行為とされます。なお、担保の供与及び債務消滅行為は後述の偏頗行為否認の対象となる可能性はありますが、詐害行為否認の対象とはなりません（1項）。しかし、債務額を超過する価額を持つ目的物による代物弁済については、なお、詐害行為否認の対象となる可能性があります。また、破産者がその有する財産を処分する行為をした場合において、その行為の相手方から相当の対価を取得しているときは、その行為が一定の要件を全て充足する場合に限って否認することができるとして、責任財産の実質的減少を防ぐと共に、受益者の利益を保護するために、一般の詐害行為否認よりも厳格な要件を定めました（法161条）。

Ⅳ 偏頗行為否認（法162条）

　偏頗行為の否認の対象となる危機時期を、支払停止ではなく、債務者が支払能力を欠くためにその債務のうち弁済期にあるものにつき一般的かつ継続的に弁済することができない状態となった支払不能後に限定し、さらに、偏頗行為の故意否認も認めないとしています。消費貸借契約等の融資にかかる契約と担保権の設定等が同時にされた場合や、担保権の設定が融資に先行するような同時交換的行為については、否認の対象とはなりません。ここで同時交換的行為とされる行為は、融資の際に担保権を設定する旨を合意しただけでは足らず、その担保権設定を第三者に対抗することができる状態になっていることが必要とされます。但し、同時交換的行為であっても、当該目的物の売買契約自体を否認することができる事情がある場合には、否認することができます。

　受益者が内部者である場合や否認の対象となる行為が、破産者の義務に属しない行為である場合には、証明責任は破産管財人ではなく相手方にあることとなります。

　非義務行為については、支払不能後のものだけではなく、支払不能となる前30日以内にされたものも否認対象となります。この場合、破産管財人は、否認しようとする行為が支払不能後か支払不能となる前30日以内のいずれかであったことを立証すれば足りることとなります。債権者がその行為の当時他の破産債権者を害する事実を知っていたこ

とが要件となりますが、具体的には、近い将来到来する弁済期において支払不能となることが確実であることを知っていた場合や、その行為によってその後支払不能となることを債権者が知っていた場合がこれにあたります。

　破産手続開始の申立日から1年以上前になされた行為については、支払停止の後にされたものであっても、それを理由として否認することはできません。

Ⅴ　無償行為等否認（法160条3項）
　破産者が支払停止等があった後又はその前6ヶ月以内にした贈与や債務免除等無償行為及びこれと同視すべき有償行為は、否認することができます。破産者の詐害意思や支払停止等についての受益者の認識等の主観的要素は必要とされません。無償とは、破産者が対価を得ないで財産を減少させ、又は債務を負担する行為を指し、贈与、債務免除、権利放棄等がこれに該当します。債務保証については、保証人は保証債務の履行により、主債務者に対する求償債権を取得することから無償行為ではないとの考えもありますが、判例や実務では、債務保証は無償行為であるとされています。但し、全ての債務保証が無償行為となるのではなく、保証人が一定の保証料を得た上で債務保証をしている場合には、無償行為とはされません。

Ⅵ　公租公課等の例外（法163条3項）
　特定の債権者に対する担保の供与等の否認のうち、破産者が支払不能になった後又は破産手続開始申立てがあった後にした行為であっても、破産者が租税等の請求権又は罰金等の請求権につき、その徴収の権限を有する者に対してした担保の供与又は債務の消滅に関する行為には適用されません。

④　相殺権　→　相殺権（法67条）
　破産手続上であっても、相殺は原則として認められます。これは、相殺には債務者が自動債権の弁済を行わないときにその回収を担保するという一面が備わっているためです。従って、この担保的機能を尊重して破産者に対して債務を負担していた破産債権者に相殺権の行使という形で破産手続によらない権利の実行が認められています。

但し、常に相殺が認められるのではなく、破産状態にあることを知りつつ取得した債権との相殺等一定の場合には、相殺が禁止されています（法71条、72条）。

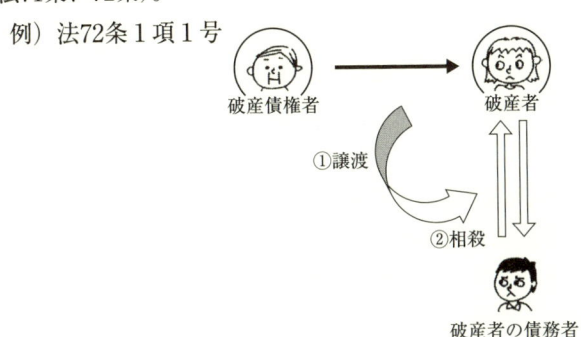

例）法72条1項1号

破産債権者 → 破産者
①譲渡
②相殺
破産者の債務者

　また、いつまでも相殺が認められるのではなく、破産債権を確定するために破産管財人の催告権が認められ、行使時期に制限があります（法73条）。

　破産管財人は、破産債権調査期間が経過した後又は破産債権調査期日が終了した後は、相殺をすることができる破産債権者に対し、1ヶ月以上の期間を定め、その期間内に当該破産債権をもって相殺をするかどうかを確答すべき旨を催告することができます。

　但し、破産債権者の負担する債務が弁済期にあるときに限ります。この催告があった場合において、破産債権者が破産管財人の催告により定めた期間内に確答をしないときは、当該破産債権者は、破産手続の関係においては、当該破産債権についての相殺の効力を主張することができなくなります。

　なお、破産管財人は、破産財団に属する債権をもって破産債権と相殺することが破産債権者の一般の利益に適合するときは、裁判所の許可を得て、その相殺をすることができます（法102条）。

⑤　租税等の請求権（法97条4号）

　破産法97条4号は、国税徴収法又は国税徴収の例によって徴収することができる請求権を租税等の請求権と定義しています。

Ⅰ　公租　国税（所得税・法人税・消費税等）
　　地方税（法人事業税・市町村民税・自動車税・固定資産税等）
Ⅱ　公課　国民年金保険料・健康保険料・社会保険料・雇用保険料・下水道

　破産手続開始前の原因に基づいて生じた租税等の請求権については、財団債権となる範囲を破産手続開始当時、まだ納期限の到来していないもの及び納期限から1年を経過していないものに限定し、破産手続開始時に具体的納期限から原則として1年以上経過しているものについては、優先的破産債権となるとしています。

　なお、破産管財人は国税徴収機関ですから（国税徴収法2条13号）、管財人口座に入金があれば、その翌日から納付日までの延滞税・延滞金の免除可能です。この場合、管財人口座に入金があることを示すために、口座の写しを提出することになります。その他、地方税、公課のやむを得ない事由による延滞金の減免申請も可能です。

　具体的納期限とは、その期限を過ぎると督促状により督促しなければならず、督促状を発してから10日を経過しないと滞納処分はできないという法律効果からの概念です。具体的納期限については、国税に関しては、国税通則法35条、36条に、地方税に関してはそれぞれの税目ごとに規定されています。そして、賦課方式の国税（租税庁の賦課処分）によって租税が確定するものについては、納税告知書に具体的納期限が記載されています。但し、具体的納期限とは記載されず、単に納期限と記載されていることが多いようです。普通徴収の地方税の場合も、納税通知書に具体的納期限が記載されています。

　一方、申告納税（申告納付）の方式の場合には、申告期限内に申告がされていれば、具体的納期限は法定納期限と同じ日になりますが、期限後申告・修正申告ないし更正決定がなされたときには、別途具体的納期限が定められることとなります。

| 本　税 | 開始決定の1年以上前から1年前までの延滞税 | 開始決定の1年前から開始決定までの延滞税 | 開始決定後の延滞税 利子税、延滞金 （法97条3号） | 加算税 加算金 （法97条5号） |
|---|---|---|---|---|
| 開始決定前に発生した租税等で具体的納期限から1年以上経過したもの 優先的破産債権 | 優先的破産債権 | 優先的破産債権 | 劣後的破産債権 | 劣後的破産債権 |
| 開始決定前に発生した租税等で開始決定当時具体的納期限未到来、又は具体的納期限から1年以上経過していないもの 財団債権 （法148条1項3号） | | 財団債権 | 財団債権 | 劣後的破産債権 |
| 開始決定後に発生した租税等で管理・換価・配当費用に該当 財団債権 （法148条1項2号） | | | 財団債権 | 劣後的破産債権 |
| 開始決定後に発生した租税等で管理・換価・配当費用に該当しない 劣後的破産債権 | | | 劣後的破産債権 | 劣後的破産債権 |

　破産手続開始後の原因に基づく租税等の請求権が財団債権として扱われるのは、破産財団の管理や換価に関する費用の請求権とみなされる場合に限られます。主なものとしては、破産財団所属財産に関する破産手続後の固定資産税や破産財団所属財産の売却に伴う消費税が該当します。一方、破産財団に関する破産手続開始後の原因に基づく租税等であっても、管理や換価に関する費用に該当しないものについては、劣後的破産債権となります。

財団債権の総額を支払うに足りる破産財団がある場合には、破産裁判所の許可を得て、適宜の時期に弁済することができます。しかし、最低報酬程度の財団しか形成されない場合に随時弁済により管財人報酬が不足することもあるので、財団形成状況を確認後弁済します。なお、延滞税も弁済する場合は、弁済する日を連絡の上、金額を確定させます。
⑥　破産財団に属する財産につき一般の先取特権を有する債権（民法306条）
　Ⅰ　共益の費用については、破産手続に関しては財団債権として取り扱われます。
　Ⅱ　雇用関係に基づく債権も、その一部は財団債権として取り扱われます。
　　破産手続開始前3ヶ月間の給料債権は、財団債権とされます。さらに、破産手続終了前に退職した使用人の退職金を含む退職手当債権については、退職前3ヶ月間の給料の総額に相当する額が財団債権となります。但し、その総額が破産手続開始前3ヶ月間の給料の総額よりも少ない場合には、破産手続前3ヶ月間の給料の総額に相当する金額となります。雇用関係による債権は全て一般の先取特権となりますので、財団債権となる労働債権以外の部分は全て優先的破産債権となります。
　　使用人の給料請求権、退職手当請求権については、債権者である使用人側に十分な資料が残っていない場合が多くあります。そこで、破産管財人には、使用人である債権者が破産手続に参加するのに必要な情報を提供するよう努力する義務が課せられています（法86条）。ただ、この義務を果たすには破産者本人若しくは代表者等の協力が不可欠ですので、これらの者及び申立代理人等に積極的に情報提供を求め、その結果を使用人である債権者に提供することになります。
　　財団債権となる労働債権は、財団債権として弁済が可能であれば、破産裁判所の許可を得ていつでも弁済することができます。一方、優先的破産債権となる労働債権については、配当手続外で弁済することは原則としてできません。しかし、この優先的破産債権についても速やかに弁済できなければ、使用人がその生活の維持を図るのが困難と

なるおそれがあり、その弁済により財団債権又は他の先順位若しくは同順位の優先的破産債権を有する者の利益を害するおそれがないときには、破産管財人は裁判所の許可を得て、配当手続に先立って、給料の請求権等を弁済することができます（法101条）。

Ⅲ　労働者健康福祉機構の未払賃金・退職金立替制度

申立前6ヶ月分未払賃金・退職金の立替制度です。賞与、解雇予告手当は含まれません。また、立替分は8割で、下記のとおり上限があります。

| 退職日における年齢 | 未払賃金総額の限度額 | 立替払の上限（8割） |
|---|---|---|
| 45歳以上 | 370万円 | 296万円 |
| 30歳以上45歳未満 | 220万円 | 176万円 |
| 30歳未満 | 110万円 | 88万円 |

Ⅳ　葬式の費用については、相続財産の破産の場合のみではなく破産者の実親の葬式費用等も一般の先取特権となりますので、優先債権として取り扱われます。

Ⅴ　日用品の供給　上水道料金、電気料金、ガス料金

日用品供給の先取特権について、民法310条は、債務者又はその扶養すべき同居の親族及びその家事使用人の生活に必要な最後の6ヶ月間の飲食料品、燃料及び電気の供給について存在するとしています。

破産者に対してこれらの継続的給付の義務を負う双務契約の相手方は、破産手続開始の申立て前の給付に係る破産債権について弁済がないことを理由としては、破産手続開始後は、その義務の履行を拒むことができません（法55条1項）。そして、破産手続開始申立後手続開始までの間の供給に関する請求権は財団債権となります。また、一定期間ごとに債権額を算定すべき継続的給付については、申立日の属する期間内の給付に係る請求権は財団債権となります（法55条2項）。さらに、破産法148条1項2号の「破産財団の管理、換価及び配当に関する費用の請求権」に該当すれば、財団債権となります。

財団債権とならない部分（申立ての日の属する期間以前の分）については、自然人の自宅に供給されているものであれば、破産手続開始決定の前6ヶ月間は優先的破産債権になりますが、法人の破産手続に

おいては一般破産債権となります。

　下水道料金については、公租公課として取り扱われますので、注意が必要です。従って、財団債権の発生を防止するため、必要性のない双務契約については、破産手続開始申立以前に申立人の側において、契約解除の手続をすることを検討する必要があります。また、管財人も管財業務に必要でない継続的供給契約は速やかに解除し、財団債権部分となる範囲を調整する必要があります。

2）各権利の順位
　① 財団債権（法2条7号、148条）　　　　　　　　　　　　(2-46-3)

　　財団債権とは、破産債権に先立って破産手続によらずに破産財団から随時弁済を受けることができる請求権のことをいいます。財団債権となるものとしては、共益費用、破産手続費用、一部の租税債権、一部の労働債権等があります。破産管財人の報酬は共益費用として財団債権となります。財団債権は、破産債権に先立って、弁済されます（法151条）。但し、破産管財人が100万円以上の財団債権を承認して弁済するには、破産裁判所の許可を得る必要があります（法78条2項13号、3項、規則25条）。

　　財団債権の総額を弁済することができない場合には、財団債権の優先順位に従って弁済することとなります。第1順位として「破産債権者の共同の利益のためにする裁判上の費用の請求権」「破産財団の管理、換価及び配当に関する費用の請求権」「保全管理人が債務者の財産に関し権限に基づいてした行為によって生じた請求権」を弁済し、第2順位としてその余の財団債権については、法令に定める優先権にかかわらず、債権額の割合により弁済することとなります（法152条）。なお、破産手続において破産財団が財団債権を弁済するに不足する場合、破産管財人の報酬は、財団債権である租税債権・労働債権に優先して弁済を受けることができます。

財団債権（法2条7号、148条）
　管財人報酬、手続費用（法152条2項）
　公租、公課、労働債権
　　　全額弁済できない場合、按分（法152条1項）

---

破産債権（法2条5号、100条1項）
　│優先的破産債権（法98条1項、2項）
　│　　公　　租
　│　　公　　課
　│　　労働債権等その他の優先的私債権
　│一般破産債権
　↓劣後的破産債権（法99条）


② 破産債権
　破産者に対し破産手続開始前の原因に基づいて生じた財産上の請求権であって、財団債権に該当しないものを破産債権といいます。破産債権には、優先的破産債権、一般破産債権、劣後的破産債権があります。
　破産手続によって満足を受けることのできる債権です。
Ⅰ　優先的破産債権
　　従業員の給料や、自然人の日用品の供給のための債権等、実体法において債務者の総財産に対して先取特権が認められている債権があります。これら一般の先取特権が認められているものについては、破産手続上も他の債権者と区別して保護する必要があります。ただ、一般の先取特権は特定物件の上に生じるものではなく、債務者の総財産の上に生じるものですので、破産法はこれらの債権を優先債権として、一般債権に先立って配当を受けることができると定めています（法98条1項）。
　　優先的破産債権間の優先順位は、民法、商法その他の法律の定めるところによることとなります（法98条2項）。
　　具体的には次の順序となります。

優先的破産債権の中では、国税と地方税（公租）が最優先となります。国税と地方税には優劣がありませんので、平等に取り扱われます。国税徴収の令により徴収することができる債権のうち、国税及び地方税以外のもの（公課）には、国民年金保険料、厚生年金保険料、健康保険料等がありますが、いずれもその法律において先取特権の順位は、国税及び地方税に次ぐものとするとされていますので、公租に対し100％配当がなされない限り、配当されないこととなります。その他の労働債権のうち財団債権とならないもの等優先権のある私債権については、公租・公課に対して100％配当がなされた場合のみ配当されます。

Ⅱ　劣後的破産債権（法99条）

　破産開始以前に生じたものであれば、その履行期が破産開始決定後に到来するものも破産債権として行使することができます。しかし、破産開始決定後の利息に代表されるように、他の債権者と同列に扱うことによって、他の一般債権が不利益になるものもあります。

　そこで、これらの一定のものを劣後債権として、一般債権に対して100％の配当が行われた場合にのみ配当を受けることができるとしました。

## (5) 手続法の変容　　　　　　（1-35-1、2、3、2-43-2、2-46-2）

| 個　別　執　行 | 変容 → | 包　括　執　行 |
|---|---|---|
| 個別の保全・執行・確定 | | 各債権の届出、調査、認否<br>破産手続内での破産債権の確定（法124条）<br>破産債権査定の申立（法125条）<br>破産債権査定異議の訴え（法126条） |
| ↓　　　　　　破産財団に関する訴訟<br>　　　　　　　破産債権に関する訴訟<br>↓<br>↓<br>　　　　　　　債権者代位・取消訴訟<br>仮差押・仮処分・強制執行 | | 中断（法44条1項）・受継（法44条2項）<br>中断（法44条1項）<br>異時廃止事案 債権認否留保　受継せず<br>配当事案<br>　異議なし 確定<br>　異議あり 債権確定訴訟（法127条）<br>中断（法45条1項）・受継（法45条2項）<br>禁止（法42条1項）<br>失効（法42条2項） |
| 国税滞納処分をしていない場合<br><br>国税滞納処分をしている場合 | | 禁止（法43条1項）<br>※管財人が国税徴収機関<br>続行（法43条2項） |
| 担保不動産競売 | | 続行（法65条1項） |
| 民事執行法第131条3号<br>差押禁止の範囲→33万×2＝66万 | | 差押禁止範囲の拡大（法34条3項1号）<br>×3／2＝99万円<br>自由財産の拡張（法34条4項） |
| 要保護性の高い扶養義務等に関する<br>定期金債権（民事執行法151条の2）<br>民事執行法30条1項大原則の例外<br>差押の範囲が1／4→1／2<br>（民事執行法152条3項） | | 非免責債権（法253条1項4号）<br>cf.　民事再生法229条3項3号 |

※ 東京地方裁判所の実務の変更点
　　以前：調書・判決で確定した養育費請求権　→　全て破産債権
　　現在：
　　　　←――破産債権――→　破産手続開始決定　←―個別執行ＯＫ―→

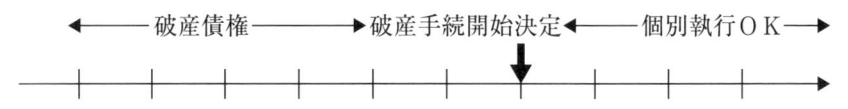

　　但し、個別執行した場合は配当は受けられません。

1）　破産債権の査定

　破産債権の調査において、異議を述べられた破産債権を有する破産債権者はその額等の確定のために、異議を述べた破産管財人及び破産債権者の異議者等の全員を相手方として、破産裁判所に、その額等についての破産債権査定申立てをすることができます（法125条）。

　但し、異議等のある破産債権に関し、破産手続開始当時訴訟が係属している場合、破産債権者が破産債権査定決定に対して不服がある場合、その破産債権者は異議者等の全員を当該訴訟の相手方として、訴訟手続の受継の申立てをする必要があります（法127条）。

　異議等のある破産債権のうち執行力ある債務名義又は終局判決のあるものについては、異議者等は、破産者がすることのできる訴訟手続によってのみ、異議を主張することができます（法129条1項）。つまり、判決が確定していない場合には、控訴上告等の上訴を、判決が確定している場合には、請求異議の訴え等に限定されます。執行力ある債務名義のある債権等に対して異議を述べる場合に、その破産債権に関し訴訟が係属しているときは異議を述べる者等がその訴訟を受継する必要があります（法129条2項）。

　破産債権の確定に関する訴訟についてした判決は、破産債権者の全員に対してその効力があります（法131条）。

　破産手続が破産手続開始の決定の取り消し又は破産手続廃止の決定の確定により終了した場合、現に係属する破産債権査定申立ての手続は破産手続が終了したときに終了します。破産手続が破産手続終結の決定により終了した場合、引き続き係属します（法133条1項）。

2) 破産財団に関する訴え（法44条）

　破産手続開始の決定があったときは、破産者を当事者とする破産財団に関する訴訟手続は中断します（1項）。破産管財人は中断した訴訟手続のうち破産債権に関しないものを受け継ぐことができます（2項）。

　従って、破産債権に関する訴訟は中断し、債権認否を経た上での受継以外は認められません（法127条）。一方、過払金請求訴訟のような破産債権に関しない訴訟については受継可能ですが、訴額、勝訴・和解の見込み、訴訟完了までの期間等を総合判断して受継の有無を決定するため、破産裁判所との協議が必要です。

3) 債権者代位訴訟及び詐害行為取消訴訟（法45条）

　破産手続開始決定前に債権者が債権者代位訴訟又は詐害行為取消訴訟を提起していた場合、その訴訟が破産手続開始当時係属するときは、その訴訟手続は中断します（1項）。そして、破産管財人は、この中断した訴訟手続を受け継ぐことができます（2項）。この場合も2）と同様に破産裁判所との協議が必要です。

4) 強制執行、仮差押、仮処分等（法42条）

　破産手続開始の決定があった場合には、破産財団に属する財産に対する強制執行、仮差押え、仮処分、一般の先取特権の実行又は企業担保権の実行で、破産債権若しくは財団債権に基づくもの又は破産債権若しくは財団債権を被担保債権とするもの、財産開示手続の申立てはすることができません（1項、6項）。そして、これら強制執行、仮差押え、仮処分、一般の先取特権の実行及び企業担保権の実行の手続、破産財団に属する財産に対して既にされているもの、破産債権又は財団債権に基づく財産開示手続は、その効力を失います（2項、6項）。

　なお、既にされている債権差押え、仮差押えについては、第三債務者の供託の有無をまず確認し、供託されている場合には、早急に供託金の払渡手続を取る必要があります。特に、破産手続開始決定日と執行の配当実施日の期間が短い場合、配当が実施され、差押債権者が配当金を受領してしまうこともありますので、注意しなければなりません。

　また、仮差押えの場合、担保取消に同意、仮差押えの取下げを交渉し、保全係で取下げ及び執行取消証明書を取り払渡請求します。

5) 国税滞納処分等の取扱い（法43条）

　破産手続開始の決定があった場合には、破産財団に属する財産に対する国税滞納処分はすることができません（1項）。但し、破産財団に属する財産に対して国税滞納処分が既にされている場合には、その国税滞納処分を続行することができます（2項）。

## (6) 賃貸借契約

1) 賃貸借契約は双務契約ですが、対抗力を有する賃貸借契約の賃貸人に破産手続開始決定がなされた場合でも、破産管財人には解除権等の選択権を与えず、賃貸借契約の解除をすることはできません（法56条）。なお、破産手続開始前に賃貸人が賃料債権を処分している場合、その全額について破産管財人に処分の効力を対抗することができることとなります。
2) 賃借人の破産の場合、賃借人が破産したとの一事をもって賃貸人が賃貸借契約を解除することはできません。
3) 賃借人が有する債権と賃料債務の相殺は、賃借人が有する債権の額の範囲内で、何期分でも可能です。なお、破産者に対して有する債権が、敷金の返還請求権の場合、敷金債権は破産手続開始決定があった場合でも直ちに弁済期が到来するのではなく、将来賃借人が賃借物件の明渡しを終了した時点で弁済期が到来しますので、無条件で相殺することはできません。但し、賃借人が敷金を差し入れている場合で、賃貸人が破産した場合には、賃借人は、賃料債務の弁済に当たって、将来の相殺に備えて、破産管財人に対し将来の敷金返還請求権の額を限度として、賃料弁済額の寄託を請求することができます（法70条）。

### (7) 複数債務者に対する破産債権

1) 全部の履行をする義務を負う者が数人ある場合等の手続参加(法104条)

① 数人が各自全部の履行をする義務を負う場合において、その全員又はそのうちの数人若しくは一人について破産手続開始の決定があったときは、債権者は、破産手続開始時において有する債権の全額についてそれぞれの破産手続に参加することができます（1項）。従って、他の全部の履行をする義務を負う者が破産手続開始後に債権者に対して弁済等債務を消滅させる行為をしたときであっても、その債権の全額が消滅した場合を除き、その債権者は、破産手続開始時において有する債権の全額についてその権利を行使することができます（2項）。つまり、破産債権者が破産債権の一部について、他の債務者から破産手続開始後に弁済を受けてもその一部について破産債権の取下げをする必要はありません（手続開始時現存額主義）。破産者が物上保証人兼連帯保証人である場合の保証債務履行請求権について、物件の任意売却がなされても、任意の取下げがない限り、この手続開始時現存主義が適用されます。

この規定は破産者の債務の物上保証人が破産手続開始後に債権者に対して弁済等をした場合について、準用されます（5項）。

② また、破産者に対して将来行うことがある求償権を有する者は、その全額について破産手続に参加することができます。但し、債権者が破産手続開始の時において有する債権について破産手続に参加したときは、破産手続に参加することはできません（3項）。つまり、主債務者が破産手続開始決定を受けた場合に、債権者が破産債権届出をしていない場合、連帯保証人は将来の求償債権をもって破産債権届出をなし、配当を受けることができますが、債権者が破産債権届出をしている場合には、連帯保証人は将来の求償債権をもって破産債権届出をすることはできません。

債権者が破産手続に参加した場合において、破産者に対して将来行うことがある求償権を有する者が破産手続開始後に債権者に対して弁済等をしたときは、その債権の全額が消滅した場合に限り、その求償権を有する者は、その求償権の範囲内において、債権者が有した権利を破産債権者として行使することができます（4項）。

つまり、連帯保証人等は債務の全額を弁済しなければ、破産債権者として権利行使をすることができないこととなります。
　これらの規定は物上保証人が破産者に対して将来行うことがある求償権を有する場合における当該物上保証人について準用されます（5項）。
　なお、保証協会による代位弁済に基づく名義変更届がなされた場合については、代位弁済額が破産届出債権額以上でも、劣後的破産債権から充当される場合がありますので、全部弁済か一部弁済かの確認が必要となります。
2)　保証人が破産した場合（法105条）
　保証人について破産手続開始の決定があったときは、債権者は、破産手続開始の時において有する債権の全額について破産手続に参加することができます。

## (8) 財産の換価、回収

1) 法人の場合は、全て換価、回収しますが、自然人の場合は自由財産の範囲内は換価できません。
   ① 自由財産の範囲（法34条3項）
   ② 実務上自由財産拡張の裁判があったものとして取り扱われる範囲（法34条4項）
   ③ 自由財産の拡張（法34条4項）
2) 破産債権者の利益に重大な影響をもつ財団の管理、換価行為を破産管財人がなす場合は、裁判所の許可が要求されます（法78条2項）。

   但し、法78条2項7号から14号の行為について、価額が100万円以下のときや、裁判所が許可を要しないとしたものに関するときは不要です（法78条3項、規則25条）。なお、東京地方裁判所の実務では、100万円以下でも、9号、10号の行為については、裁判所との協議を要します。
3) 財産の換価、回収のポイントは早期着手・劣化回避、短期回収です。
   ① 不動産については、担保権が設定されている場合でも、任意売却の検討をします。なお、債権者集会までには任意売却の有無についての見極めをつけておく必要があります。
      Ⅰ 売買代金及び費用（仲介手数料・担保権抹消登記費用・引越費用）、財団組入額（売買代金の3～10％）、各担保権者の配分の確定。
      Ⅱ 売買契約書案を作成（手付けなし一括決済、瑕疵担保責任を負わない特約、税金の清算に関する条項）し、売買（法78条2項1号）及び別除権の受戻し（法78条2項14号）について裁判所の許可を取ります。なお、開始決定前のマンションの滞納管理費・修繕積立金については別除権（建物の区分所有等に関する法律7条1項による特別の先取特権）の受戻しのうえ、清算することになります。
      Ⅲ 司法書士と打ち合わせし、必要書類の確認をします。
      Ⅳ 決済日に裁判所の許可書、管財人の資格証明書・印鑑証明書（規則23条4項）、実印、売買代金の領収証等を持参し、財団組入額受領、また、固定資産税の清算をします。

Ⅴ　配当を予定している場合は、充当債権部分（元金・遅延損害金）の確認をします。劣後的破産債権から充当される場合がありますので、注意しなければなりません。なお、法人の破産手続において不動産を放棄する場合、固定資産税の賦課期日は１月１日ですので、その前に、全担保権者への事前通知を要します（規則56条）。但し、自然人の異時廃止事案の場合は、担保権者への事前通知をすることなく債権者集会での口頭の放棄許可で足りる扱いです。また、担保不動産競売進行中の場合は、執行裁判所に放棄又は破産手続終了の届出をします。
② 　動　産
　　Ⅰ　在庫商品・原材料・什器備品等については、破産者の同業者や取引先への売却検討をします。また、食品等腐敗のおそれがあるものについて、早期売却後、産業廃棄物として処分します。この場合、廃棄処理を含めた一括売却の検討もします。その他、賃借物件内に動産が存在する場合、放棄の検討をします。
　　Ⅱ　自動車
　　　　法人の場合は、早期処分ないし廃車します。自動車税の賦課期日は４月１日ですので、注意します。自然人の場合で自由財産拡張の裁判があったものとみなされる場合（処分見込価額20万円以下）は、自動車税課税、運行供用者責任回避のため早期に個別放棄許可を取る必要があります。なお、所有権留保がなされている自動車については、引き上げ手配、処分、残債務額充当し、債権額を確定する必要があります。
③ 　債　権
　　Ⅰ　預貯金
　　　　破産債権者である金融機関の場合、支払停止後の入金の有無等相殺禁止規定に該当するような事実の有無を調査します。破産債権者でない金融機関であれば、振込手数料差し引きで解約・振込み依頼します。
　　Ⅱ　出資金
　　　　破産債権者である金融機関の場合、相殺されますが、破産債権者でない金融機関の場合、早期に払戻依頼し、出資金債権の有償譲渡ないし、立替の検討をします。

Ⅲ　保険解約返戻金

　　自然人の場合は、解約返戻金相当額の財団組み入れによる放棄を検討します。火災保険や自動車保険については、目的物件の売却まで必要であれば、契約を継続します。売却後、解約返戻金の有無を調査し、あれば早急に手続を取ります。

Ⅳ　売掛金・貸付金

　　早期に回収に着手することが必要であり、破産開始決定と同封発送の検討をします。回収が長期になる場合は、サービサーへの債権譲渡の検討をする必要があります。

Ⅴ　会員権については、経営会社・業者への売却を検討します。

Ⅵ　賃料（地代・家賃）

　　破産管財人名義の預金口座への賃料の送金依頼をします。

## (9) 債権者集会の打合せ（東京地方裁判所）

　債権者集会の１週間前に債権者集会打合せメモ（財団収集額、財団が100万円を超える場合、主要な管財業務の内容、続行の有無、異時廃止予定か配当予定か、配当予定の場合は、簡易配当か最後配当か等）をFAXします。

　続行する場合は、今後の進行について、続行しない場合は、ここで管財人報酬の電話による打合せがあります。

## (10) 債権者集会（法135条以下）

| 財産状況報告集会 | 異　時　廃　止　事　案 | 配　当　事　案 |
|---|---|---|
| | 法157条報告書<br>財産目録及び収支計算書　管財人口座の通帳の写し<br>（法人で財団1000万円以上の場合）<br>［破産］貸借対照表<br>（自然人の場合）<br>免責に関する意見書 | |
| | 手続廃止に関する意見聴取集会<br>任務終了計算報告集会 | 債権調査期日<br>債権認否及び配当表 |
| | 破産手続廃止決定証明申請<br>債権届出書提出 | 配当許可申立 |

1) 財産状況報告集会（法31条1項2号、158条）

　破産管財人は、次の事項を記載した報告書を裁判所に提出しなければなりません（法157条）。

　① 破産手続開始決定に至った事情
　② 破産者及び破産財団に関する経過及び現状
　③ 法人である破産者の役員等に対する損害賠償請求権の査定の申立（法178条）又はその保全処分（法177条）を必要とする事情の有無
　④ その他破産手続に必要な事情
　⑤ 裁判所の定めるところにより、破産財団に属する財産の管理及び処分の状況
　⑥ その他裁判所の命ずる事項

　　破産管財人は財産の価額の評定を完了したときは、破産手続開始の時における財産目録及び貸借対照表を作成し、これらを裁判所に提出しなければなりません（法153条2項）。但し、破産財団に属する財産の総額が1000万円に満たない場合には、同項の貸借対照表の作成及び提出をしないことができます（法153条3項、規則52条）。

2) 異時廃止の意見聴取（法217条1項）

3) 任務終了計算報告集会

　破産管財人の任務が終了した場合、破産管財人は計算報告します。破産者、破産債権者又は後任の破産管財人は、債権者集会の期日において、計算について書面で異議を述べることができます（法88条4項）。債権者集会の期日において異議がなかった場合には、破産管財人が提出した計算は、承認されたものとみなされます（法88条6項）。

4) 免責に関する意見（法251条）

5) 債権調査（法121条、117条、31条1項3号、116条2項）

　債権調査の方法として、書面方式と期日方式とがありますが、東京地方裁判所の実務では、原則として期日方式が採用され、換価未了、債権調査の必要に応じ、債権者集会は続行となり、配当手続を行う場合は配当手続が終了するまでの期間を見込んで期日は続行されます。

　破産債権の調査において、破産管財人が認め、確定した事項についての破産債権者表に記載された事項については、破産債権者の全員に対して確定判決と同一の効力を有することとなります（法124条）。

　なお、債権を認めた場合、これを撤回することはできません。従って、債権届出の管理は厳重になされなければなりません。特に複数の事件（法人と代表者、主債務者と連帯保証人）を受任している場合は、債権届の綴り間違いのないよう注意します。

6) 東京地方裁判所では、債権者集会の果たす機能を重視し、従来どおり、財産状況報告集会の期日と破産手続廃止に関する意見聴取集会期日、管財人の任務終了集会期日、個人については免責審尋期日、債権調査期日を同一日時で全件定める取り扱いです。従って、全件、当初から債権届出期間と債権調査期日が定められ、破産債権者に破産債権届出をさせることとなります。配当が見込まれず、異時廃止で終了する事案については、提出された債権届出書や調査等に基づき債権調査は行いますが、債権調査期日は開きません。

(11) 配当手続（法193条、194条）

| 簡易配当（法204条1項、205条） | 最後配当（法195条） |
|---|---|
| ┌─財産状況報告集会<br>│　　↓簡易配当許可申立<br>│　配当通知<br>│　（法204条2項、3項、4項）<br>│　東京地方裁判所<br>│　裁判所に除斥期間等の起算日届出書提出<br>│　翌週の水曜日　配当通知のみなし到達日<br>↓　　↓1週間（法205条）<br>7　除斥期間<br>週　東京地方裁判所<br>間　翌週火曜日経過　除斥期間満了<br>で<br>終<br>了　　↓1週間<br>↑　配当表に対する異議期間<br>│　東京地方裁判所<br>│　翌週火曜日経過<br>│　配当表に対する異議期間満了<br>│<br>│　配当実施<br>│　配当の実施及び任務終了の計算報告書<br>└─任務終了計算報告集会<br><br>破産手続終結決定証明申請（法220条） | 最後配当許可申立<br>配当通知<br>（法197条1項、2項、3項）<br>⎧官報公告型（債権者数多数）<br>⎩通知型<br><br>◎2週間（法198条1項）<br>除斥期間<br><br>（法205条、198条3項、4項、196条3項）<br><br>（法205条、200条）<br><br>◎配当額の通知<br>（法201条1項、7項、203条）<br>（法205条、193条2項）<br>（法88条1項、3項、4項）<br>◎官報公告型11週間で終了<br>　通知型9週間で終了 |

1) 破産債権額が確定し、破産財団の換価が進行して財団が現金化されると、配当が可能となります。破産配当は破産手続の目標ですので、破産管財人の任務遂行も破産配当の実施に集約されます。配当の種類として、破産法は配当時期を基準として、①最後配当、②中間配当、③追加配当の3種類を定め、また配当方法を基準として、①最後配当、②簡易配当、③同意配当の3種類を定めています。
2) 破産債権者は破産財団から、配当を受けることができます（法193条1項）。原則として、破産債権者は破産管財人がその職務を行う場所において配当を受けなければならないとされていますので、配当金請求権は取立債務ということとなります。但し、破産管財人と破産債権者との合意により別段の定めをすることを妨げないと定められていますので、実際の配当金の支払いに当たっては、振込みによって行うことも当然可能です（法193条2項）。破産管財人が配当をしたときはその配当をした金額を破産債権者表に記載しなければなりません（法193条3項）。また、遅滞なく、その旨を裁判所に書面で報告しなければなりません（規則63条）。
3) 配当の順位は、破産債権間においては次に掲げる順位に従って行われます（法194条1項）。なお、同一順位において配当をすべき破産債権については、それぞれその債権の額の割合に応じて、配当をします（法194条2項）。
    ① 優先的破産債権
       複数の優先的破産債権がある場合の優先順位は、民法、商法その他の法律の定めるところによるとされています。
    ② 一般破産債権
    ③ 劣後的破産債権
    ④ 約定劣後破産債権
4) 配当通知は全届出債権者に対して行いますので、優先的破産債権者のみの配当の場合は、一般破産債権者にも配当がない旨の通知をすることになります。

5) 最後配当

　破産管財人は債権の一般調査期間が経過した後又は一般調査期日が終了した後、破産財団に属する財産の換価が終了すれば、手続費用の不足を理由として破産手続を廃止する場合（法217条１項）を除いて、裁判所書記官の許可を得て遅滞なく届出破産債権者に対し最後配当をしなければなりません（法195条）。破産管財人は最後配当の許可があったときは、遅滞なく、配当表を作成し、これを裁判所に提出しなければなりません（法196条１項）。

　そして、提出後、遅滞なく、最後配当の手続に参加することができる債権の総額及び最後配当をすることができる金額を公告し、又は届出をした破産債権者に通知しなければならないとされています（法197条１項）。破産管財人がこの最後配当の通知を個別に行った場合、その通知は通常到達すべきであった時に到達したものとみなされ（法197条２項）、破産管財人は、遅滞なく、その旨を裁判所に届け出なければならないとされています（法197条３項）。この場合、届出書には通知の方法及びその通知を発した日をも記載しなければなりません（規則64条）。

① 破産債権の除斥（法198条）

　　最後配当の除斥期間については、一律２週間とされました（１項）。この除斥期間の起算日は、最後配当の公告が効力を生じた日又は最後配当を実施する旨の通知をしたことを破産管財人が破産裁判所に届出をした日になります。東京地方裁判所の実務では、通知発送と同時に破産裁判所に除斥期間等の起算日届出書をＦＡＸする扱いで、通知発送の翌週水曜日から起算して２週間が除斥期間となります。

② 異議ある破産債権の除斥（法198条１項）

　　異議等のある破産債権のうち執行力ある債務名義又は終局判決のあるものを除いた異議等のある破産債権については、除斥期間内に、破産管財人に対し次の証明をしなければ除斥されます。

　Ⅰ　当該異議等のある破産債権の確定に関する破産債権査定申立に係る査定の手続が係属していること。

　Ⅱ　破産債権査定異議の訴えに係る訴訟手続が係属していること。

　Ⅲ　破産手続開始決定前に係属していた訴訟について、破産債権確定のための受継があった訴訟手続が係属していること。

③　停止条件付債権又は将来の請求権である破産債権について最後配当の手続に参加するには、除斥期間内に債権が現実化していなければ除斥されます（2項）。
　　つまり、除斥期間が経過する前に停止条件が成就するか、将来の請求権が現実化する必要があります。
④　別除権者が最後配当の手続に参加するには、除斥期間内に破産管財人に対しその別除権の被担保債権の全部若しくは一部が破産手続開始後に担保されないこととなったことを証明するか又は当該担保権の行使によって弁済を受けることができない債権の額を証明しなければなりません（3項）。
　　なお、不足額の証明には、競売手続の売却決定・代金納付では足りず、競売事件の配当表の確定まで必要になります。
　　但し、根抵当権によって担保される破産債権については、最後配当に関する除斥期間内に当該担保権の行使によって弁済を受けることができない債権の額の証明がされた場合を除いて、配当表に記載された最後配当の手続に参加することができる極度額を超える部分の債権額については除斥されません（4項）。
⑤　除斥期間内に次の事由が生じた場合、破産管財人は配当表を更正する必要があります（法199条1項）。
　Ⅰ　破産債権者表を更正すべき事由が生じたとき。
　Ⅱ　次の証明がなされたとき。
　　ⅰ　異議等のある破産債権の確定に関する破産債権査定申立てに係る査定の手続が係属していること。
　　ⅱ　破産債権査定異議の訴えに係る訴訟手続が係属していること。
　　ⅲ　破産手続開始決定前に係属していた訴訟について、破産債権確定のための受継があった訴訟手続が係属していること。
　Ⅲ　別除権行使による不足額等が確定したことが証明されたとき。
　Ⅳ　配当額の通知を発する前に、新たに最後配当に充てることができる財産があるに至ったとき（法201条6項）。

⑥　届出破産債権者は、配当表の記載に不服があれば、最後配当に関する除斥期間が経過した後1週間以内に限り、裁判所に対し異議を申し立てることができます（法200条）。裁判所書記官は、この異議の申立てがあったときは、遅滞なく、その旨を破産管財人に通知しなければなりません（規則65条）。そして、裁判所がこの異議の申立てに理由があると認めるときは、破産管財人に対し配当表の更正を命じます。

⑦　配当額の通知

　破産管財人は除斥期間が経過し、その後1週間の異議申立期間が経過した後（但し、配当表に対する異議の申立てがあったときは当該異議の申立てに係る手続が終了した後）、遅滞なく最後配当の手続に参加することができる破産債権者に対する配当額を定めなければなりません（法201条1項）。

　破産債権者に対する配当額を定めた場合において、配当額が少額であっても配当金を受領する旨の意思表示（法111条1項4号、113条2項）をしなかった破産債権者については、その定めた配当額が1,000円（規則32条1項）に満たないときは、その債権者には配当する必要はなく、破産管財人は当該破産債権者以外の破産債権者に対して当該配当額の最後配当をしなければなりません。

　そして、破産管財人は、定められた配当額を最後配当の手続に参加することができる破産債権者に通知しなければなりません（法201条7項）。配当額の通知後は、配当額が確定しますので、その後に新たに生じた財産については、追加配当の財源となります。

　なお、配当額の通知発送時、破産管財人に知れていない財団債権者は弁済を受けられなくなります（法203条）。従って、通知までに知れている財団債権については弁済しなければなりませんので、申告書の税目の確認、転送郵便物の確認、消費税申告の要否の検討等により、交付要求未了の財団債権についても確認しておくことが必要となります。

⑧ 配当の実施

　異議期間中に異議が提出されないか異議手続が終了した後でなければ、配当を実施することはできません。

　破産管財人は次に掲げる配当額を、これを受けるべき破産債権者のために供託しなければなりません（法202条）。

Ⅰ　異議等のある破産債権であって配当額の通知を発した時にその確定に関する破産債権査定申立に係る査定の手続、破産債権査定異議の訴えに係る訴訟手続、破産債権に関する訴訟についての受継があった訴訟手続等係属しているものに対する配当額。

Ⅱ　租税等の請求権又は罰金等の請求権であって、配当額の通知を発した時に審査請求、訴訟（刑事訴訟を除く）その他の不服の申立ての手続が終了していないものに対する配当額。

Ⅲ　破産債権者が受け取らない配当額。
　　破産債権者の住居所が不明である場合、及び破産債権の帰属に争いがある場合を含みます。

⑨ 配当の実施及び任務終了の計算報告書提出（法88条1項）

⑩ 任務終了の計算報告集会（法88条4項）

6) 簡易配当
① 裁判所書記官は最後配当をすることができる場合において、次に掲げるときは、破産管財人の申立てにより、最後配当に代えて簡易配当をすることを許可することができます（法204条）。なお、中間配当が実施された場合には、簡易配当をすることはできません（法207条）。
Ⅰ 配当をすることができる金額が1000万円に満たないと認められるとき。
Ⅱ 裁判所が簡易配当をすることが相当と認められる場合において、裁判所が簡易配当をすることにつき異議のある破産債権者は裁判所に対し債権調査期間の満了又は債権調査期日の終了時までに異議を述べるべき旨を公告し、かつ、その旨を知れている破産債権者に対し通知した場合において、届出をした破産債権者が債権調査期日の終了時までに書面による異議を述べなかったとき。
Ⅲ 配当をすることができる金額が1000万円以上であり、かつ、前記Ⅱにも該当しないが、簡易配当をすることが相当と認められるとき。但し、この場合、破産管財人が配当の通知と共に、簡易配当について異議ある破産債権者は配当通知の到達の届出をした日から１週間以内に異議を述べるべき旨を通知し、かつこの期間内に破産債権者が異議を述べた場合には、簡易配当の許可は取り消され、通常の最後配当の手続がなされます（法206条）。
② 手続の迅速化（最後配当と異なる点）
Ⅰ 除斥期間の短縮（法205条、198条１項）
簡易配当においては、除斥期間は１週間とされています。
Ⅱ 配当表に対する異議手続における即時抗告の不許
簡易配当においては、配当表に対する異議手続に関する裁判に対して即時抗告をすることはできません。
Ⅲ 再度の通知の省略
簡易配当の配当通知にあたっては、配当見込額も通知すべきものとされていますので（法204条２項）、除斥期間及び異議申立期間経過後に改めて配当額の通知をする必要はありません。

7) その他
　① 同意配当（法208条）
　　最後配当をすることができる場合において、届出をした破産債権者の全員が破産管財人が定めた配当表、配当額並びに配当の時期及び方法について同意している場合に限ってすることができる配当方法で、その同意に従って柔軟な配当を行うことができます。
　② 中間配当（法209条）
　　破産管財人は、一般調査期間の経過後又は一般調査期日の終了後であって破産財団に属する財産の換価の終了前において、配当をするのに適当な破産財団に属する金銭があると認めるときは、裁判所の許可を得て最後配当に先立って、届出をした破産債権者に対し、中間配当を実施することができます。
　③ 追加配当（法215条）
　　最後配当の配当額の通知を発した後（簡易配当にあっては配当表に対する異議期間を経過した後、同意配当にあっては同意配当の許可があった後）、新たに配当に充てることができる相当の財産があることが確認されたときは、破産管財人は、裁判所の許可を得て、最後配当、簡易配当又は同意配当とは別に、届出をした破産債権者に対し、追加配当をしなければなりません。そして、破産手続終結の決定があった後であっても、この事由が生じれば、追加配当を実施します。
　　追加配当に充てられるべき財産として下記のものがあります。
　Ⅰ　届出破産債権に対して、破産管財人等から異議が提出され、債権確定手続係属中の破産債権について供託された金銭（配当金）で、手続の結果、届出破産債権者の側の敗訴が確定したもの。
　Ⅱ　否認訴訟等において、破産管財人が勝訴し、破産財団に回復された財産。
　Ⅲ　破産管財人の錯誤等を理由に、破産債権者から返還される配当金や租税還付金等。
　Ⅳ　最後配当額の通知後に新たに発見された財産。

## (12) 破産手続の終了
1) 破産配当終結による破産終結決定
   ① 裁判所は、最後配当、簡易配当又は同意配当が終了した後、任務終了者の計算報告のための債権者集会が終結したとき、又は計算報告書に対する異議の期間が経過したときは、破産手続終結の決定をしなければなりません（法220条1項）。
   ② 破産手続終結決定の効果
      Ⅰ 破産手続開始に基づく人的効果（居住制限、説明義務等）は消滅します。
      Ⅱ 破産者の管理処分権限は回復します。
      Ⅲ 破産債権者は個別の権利行使が可能となります。但し、免責手続が開始されている場合には、引き続き個別的権利行使は許されません（法249条1項）。
      Ⅳ 破産手続参加によって中断していた破産債権に関する消滅時効が再び進行します。
2) 配当終結以外の配当手続終了の場合
   ① 破産手続より優先する民事再生手続や会社更生手続が破産手続係属中に開始されることによって手続が中止され、再生計画や更生計画認可決定確定によって失効する場合
   ② 同意廃止（法218条）
   ③ 破産財団の規模が小さいため、破産手続の費用を支弁するのに不足し、破産債権者に配当の可能性がないために手続を終了せざるを得ない場合
      Ⅰ 同時破産廃止（法216条）
         裁判所は破産財団をもって破産手続の費用を支弁するのに不足すると認めるときは、破産手続開始の決定と同時に、破産手続廃止の決定をします。
      Ⅱ 異時破産廃止（法217条）
         裁判所は、破産手続開始の決定があった後、破産財団をもって破産手続の費用を支弁するのに不足すると認めるときは、破産管財人の申立てにより又は職権で、破産手続廃止の決定をします。

# 第7章

# 個人債務者再生手続

1．総論
2．個人債務者再生手続の開始申立
3．個人債務者再生手続開始申立権者
4．管轄
5．必要的添付書類
6．費用
7．申立要領
8．申立後の手続の流れ
9．住宅資金貸付債権に関する特則

## 1. 総論

（以下、民事再生法を「法」、民事再生規則を「規則」といいます。）

### (1) 意義

個人の事業又は経済生活の再生を図るため、消費者や零細事業者等を対象にした、一般民事再生手続の特則として定められた、簡易な再建手続です。

```
一般民事再生
 └─(特 則)─ 住宅資金特別条項
            外国倒産処理手続がある場合
            簡易再生及び同意再生

          ─ 小規模個人再生
            自然人のみ　5000万円以下
            申立権者　債務者本人のみ（法221条）
            みなし届出（法225条）
            失権効なし（法238条　178条）
            執行力の付与なし（法238条　180条）

             └─(特 則) 給与所得者等再生
                       議決権なし　意見聴取のみ
```

## (2) 小規模個人債務者再生と給与所得者等再生の違い　　(2-48-2、3)

1) 収入の変動の幅（法221条1項、法239条）

　小規模個人債務者再生の場合は、将来において継続的又は反復して収入を得る見込みがあれば、給与又はこれに類する定期的なものである必要はなくアルバイト、年金収入でも申立可能です。

　これに対して、給与所得者等再生の場合は、給与又はこれに類する定期的な収入を得る見込みがあり、かつその収入の変動の幅が、概ね年収ベースで2割程度の上下変動にとどまることを要します。　　(1-38-1、2、2-48-1)

2) 給与所得者等再生申立制限（法239条5項2号イ、ロ、ハ）

　下記の場合は申立することができません。

① 給与所得者等再生における再生計画認可決定確定日から7年経過しないとき。

② ハードシップ免責決定確定の場合は、再生計画認可決定確定日から7年経過（法235条1項、244条）しないとき。

③ 破産の免責決定確定の場合は、免責決定確定日から7年経過しないとき。

3) 小規模個人債務者再生の場合、書面決議を要しますが（法230条6項）、給与所得者等再生の場合は、意見聴取のみです（法240条）。

　　　　　　　　　　　　　　　　　　　　　　(1-38-3)

　そこで、当初は給与所得者等再生申立てが小規模個人債務者再生申立てより多かったのですが、現在は、不同意が議決権者数半数未満かつ議決権額半数以下のときに可決されたものとみなされます（法230条6項）ので、過半数の議決権額を有する債権者がいない限り、最低弁済額が低くなる小規模個人債務者再生申立てが9割となっています。

1　総論　199

4) 最低弁済額　　　　　　　　　　　　　　　　　　　　　　　　（1-39-4）

```
① 清算価値保障の原則 ┐
                    ├ 小規模個人債務者再生の最低弁済額
② 最低弁済額要件     ┘
                    ┐
                    ├ 給与所得者等再生の最低弁済額
③ 可処分所得要件     ┘
```

① 清算価値保障の原則（法236条、244条）

　計画弁済総額は破産の予想配当額を下回ることはできません。

　申立時に提出する清算価値チェックシートで確認します。多額の退職金が見込まれる場合、アンダーローン不動産がある場合、積立金・保険の解約返戻金が多額な場合は注意を要します。

② 最低弁済額要件（法231条2項2号、3号、4号、241条2項5号）

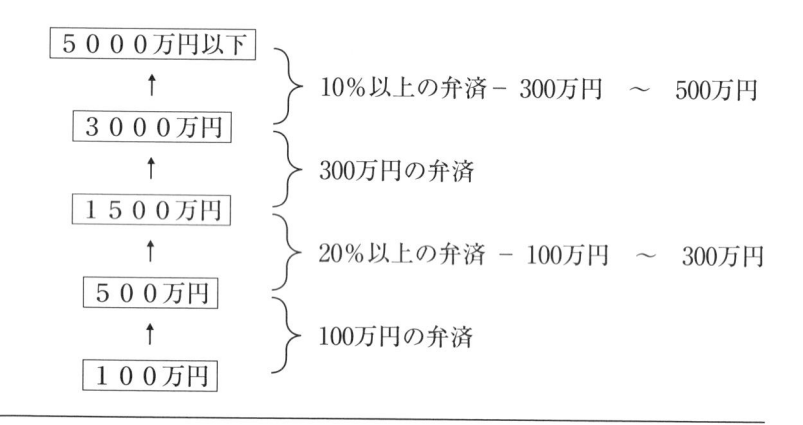

```
 ５０００万円以下 ┐
       ↑         ├ 10％以上の弁済 － 300万円 ～ 500万円
   ３０００万円   ┘
       ↑         ┐ 300万円の弁済
   １５００万円   ┘
       ↑         ┐ 20％以上の弁済 － 100万円 ～ 300万円
    ５００万円    ┘
       ↑         ┐ 100万円の弁済
    １００万円    ┘
```

――――――――――――――――――――――――――

　１００万円以下　　　全額弁済

③　可処分所得要件（法241条2項7号、3項）

　　計画弁済総額が可処分所得の2年分以上であること。

　　可処分所得とは、計画案提出の前2年間を基準とした1年間の収入額からこれに課される所得税・住民税・社会保険料の額を控除し、さらに再生債務者及びその扶養を受けるべき者の最低限度の生活を維持するために必要な1年分の費用を控除したものをいいます。

　｛（年収）－（公租公課等）－（最低限度の生活費）｝×2年分を3年
　　（例外的に5年）で返済

　　給与所得者等再生手続における、最低限度の生活保障の額は、再生債務者、その扶養を受けるべき者の年齢、居住地域、被扶養者の数、物価状況等一切の事情を勘案して算出されます。

　　最低生活費の内訳は下記のとおりです。

Ⅰ　個人別生活費は、再生債務者及び被扶養者のそれぞれについて、居住地域の区分、年齢の区分に応じて作成された表に定められた金額の合計となります。この場合の被扶養者とは、民法上の扶養義務のある者という意味ではなく、現実に再生債務者に扶養されている者を指します。具体的には各裁判所の判断に委ねられますが、実際の運用としては、所得税法上の控除対象配偶者及び扶養親族が被扶養者となります。従って、給与所得者等再生申立てに当たって添付書類として提出する源泉徴収票の記載の有無が基準となると考えられます。

　　個人別生活費を計算する場合、居住地域の区分、年齢の区分に応じて定められています。この算定した合計が、個人別生活費となります。

　　居住地域とは、実際に起居している住所地が存在する地域をいいます。住民登録地ではありません。

　　年齢は、再生債務者が再生計画案を提出した日以降の最初の4月1日における年齢をいいます。

Ⅱ　世帯別生活費は、再生債務者の居住地域の区分、再生債務者及び被扶養者の合計数の区分に応じて定められます。再生債務者と別居している被扶養者がある場合、世帯別生活費の額は、再生債務者及び被扶養者が居住する住居のそれぞれについて、計算した合計額となります。

Ⅲ　冬季特別生活費は、再生債務者の居住地域の区分、再生債務者及び被扶養者の合計数に応じて、冬季特別区分に関する表で算出します。再生債務者と別居している被扶養者がいる場合には、その居住する住居のそれぞれについて算出した額の合計額となります。

Ⅳ　住居費の額は、その建物の所在地、居住地域の区分、再生債務者及び被扶養者の合計額に応じて定められます。再生計画で定められた弁済期間の全期間を通じて、賃料、住宅ローン弁済見込額がある場合には、その１年分相当額と政令で定める額との少ない方が住居費となります。従って、賃料及び住宅ローンの支払いの見込みがない場合には、住居費の額は０円となります。住宅賃料に駐車料金が含まれている場合には、その駐車料金も賃料に含まれますが、住宅の賃貸借契約とは別に駐車場契約を締結している場合には、駐車料金が賃料に含まれないと考えられます。また、住宅賃料の消費税、管理費、共益費名目で支払うものについても「借賃」には該当しないと考えられます。

Ⅴ　勤労必要経費の額は、再生債務者の収入が勤労に基づいて得たものである場合には、再生債務者の居住区分に従って定められています。この場合の収入額は、給与その他の定期的収入で、所得税等を控除する前の金額が基準となります。なお、再生債務者の収入が勤労に基づいて得たものでない場合には、勤労必要経費の額は０円となります。

## 2. 個人債務者再生手続の開始申立

1) 小規模個人再生手続を利用するには、次の要件を充足している必要があります（法221条1項）。
   ① 債務者が個人であること（法人でないこと）。
   ② 将来において継続的又は反復して収入を得る見込みがあること。給与又はこれに類する定期的なものである必要はありません。また額の変動の幅が小さいと見込まれなくてもかまいません。(1-38-1、2-48-1)
   ③ 住宅資金貸付債権の額、別除権の行使により弁済の見込みのある額及び再生手続開始前の罰金等の額を除いた再生債権の額が5000万円以下であること。　　　　　　　　　　　　　　　　　　　　　　　(1-39-1)
   ④ 開始申立に当たっては、その要件を欠く場合には、一般の民事再生手続の開始を求める意思があるかどうかを明らかにする必要があります（法221条6項）。　　　　　　　　　　　　　　　　　　　　　　　(1-39-3)

2) 給与所得者等再生手続は、小規模個人再生が適用される個人の債務者のうち、給与又はこれに類する定期的な収入を得る見込みがあり、かつ、その変動の幅が小さいと見込まれる者についての特則です。次の要件を充足している必要があります（法239条）。
   ① 債務者が個人であること（法人でないこと）。
   ② 給与又はこれに類する定期的な収入を得る見込みがあり、かつその収入の変動の幅が、概ね年収ベースで2割程度の上下変動にとどまること。
   ③ 住宅資金貸付債権の額、別除権の行使により弁済の見込みのある額及び再生手続開始前の罰金等の額を除いた再生債権の額が5000万円以下であること。
   ④ 開始申立に当たっては、その要件を欠く場合には、小規模個人再生手続の開始を求める意思があるかどうか、さらに小規模個人再生の要件も満たさない場合には、一般の民事再生手続の開始を求める意思があるかどうかを明らかにする必要があります（法239条3項）。

## 3. 個人債務者再生手続開始申立権者

債務者本人のみです（法221条1項）。
債権者が民事再生の申立てをする場合、小規模個人再生の特則を利用することはできません。

## 4. 管轄（法5条1項、2項、7項、10項、6条）

1) 債務者が、営業者であるとき
   その主たる営業所の所在地を管轄する地方裁判所。
2) 債務者が、営業者で外国に主たる営業所を有するものであるとき
   日本におけるその主たる営業所の所在地を管轄する地方裁判所。
3) 債務者が、営業者でないとき又は営業者であっても営業所を有しないとき
   その普通裁判籍の所在地を管轄する地方裁判所。
4) 1)～3)の規定による管轄裁判所がないとき
   債務者の財産の所在地（債権については、裁判上の請求をすることができる地）を管轄する地方裁判所。
5) 人的な関連管轄
   次に掲げる者のうちいずれか一人について再生事件が係属しているときは、それぞれ当該各号に掲げる他の者についての再生手続開始の申立ては、当該破産事件が係属している地方裁判所にもすることができます。
   ① 相互に連帯債務者の関係にある個人
   ② 相互に主たる債務者と保証人の関係にある個人
   ③ 夫婦
6) 管轄の競合
   以上の規定により2つ以上の地方裁判所が管轄権を有するときは、先に再生手続開始の申立てがあった地方裁判所が管轄することとなります。

## 5. 必要的添付書類（規則14条、102条、112条3項）

① 再生債務者の住民票の写し
② 債権者一覧表
③ 財産目録
④ 事業者である場合には、申立前１年間の資金繰り実績表及び申立後６ヶ月間の資金繰り予定表
⑤ 財産に関する登記・登録に関する事項の証明書
⑥ 確定申告書の写し、源泉徴収票の写し、その他再生債務者の収入の額を明らかにするもの
⑦ 財産目録に記載された財産の価額を明らかにする書面

## 6. 費用（法24条）

① 申立手数料（収入印紙で納付）　　10,000円
② 官報公告費用　　11,928円
③ 予納郵券（東京地方裁判所）
　　1,600円（80円×15枚、20円×20枚）
　　その他、受付時に手交される封筒に120円×２組×債権者数
　　（申立時に決定用として１組、再生計画案提出時に決議・意見聴取送付用として１組提出）
　　裁判所白封筒に80円×３通（申立代理人宛、開始決定・書面による決議ないし意見聴取に付する決定、再生計画案認可・不認可決定送付用として提出）
④ 分割予納金
　　計画弁済予定額を個人再生委員の口座に６ヶ月間振り込みます。計画弁済額が増額となった場合は、増額が判明した時点から増額した金額を振り込みます。また、計画案提出伸長等の場合は、認可決定までの間は振り込みを続けます（東京地方裁判所）。

再生委員が選任されない裁判所でも、再生債務者の積立ないし申立代理人への振り込み積立の報告を要求されます。

## 7. 申立要領（東京地方裁判所）

1) 申立書
   印紙貼付　日付　氏名のふりがな
2) 添付書類の順番
   ① 申立書類一式の正本・副本（再生委員用）
   ② 収入一覧及び主要財産一覧
   ③ 債権者一覧表
   ④ 住民票（6ヶ月以内）
   ⑤ 委任状
   ⑥ 民事再生法125条1項の報告書・財産目録・清算価値チェックシート
   ⑦ 住宅・敷地その他再生債務者が所有する不動産の登記事項証明書（3ヶ月以内）
   ⑧ その他の疎明書類
      Ⅰ 再生債務者の収入の額を明らかにするもの
         ⅰ 小規模個人債務者再生申立
            確定申告書又は源泉徴収票（直近1年分）及び再生債務者の収入の額を明らかにする書面
         ⅱ 給与所得者等再生申立
            源泉徴収票（直近2年分）、課税証明書（直近2年分）及び給与明細書（直近2ヶ月分）
            可処分所得額算出シート
      Ⅱ 家計の状況（直近2ヶ月分）
   ⑨ 上記③を債権者数分
   ⑩ 住宅資金貸付債権について特別条項付計画を予定している場合は、一部弁済許可申立書

3) 手続の流れ
　① 申立書及び添付書類・予納郵券を民事20部再生係受付に提出。
　　裁判所封筒に債権者ラベル、郵券120円貼付、提出
　　一部弁済許可書受領
　② 申立後、予納金納付
　　Ⅰ　窓口納付（20部　午前9時30分〜12時、午後1時〜3時
　　　高裁・地裁合同庁舎出納課　午前9時〜12時、午後1時〜5時）
　　Ⅱ　銀行振込（納付書と保管金提出書を出納第二課保管金係に提出）
　　Ⅲ　電子納付（申立書に登録コード記載、電子納付後、受取証書が届きます）
　③ 民事再生法上、再生委員は任意的機関ですが（民事再生法223条本文）、東京地方裁判所の実務では、全件再生委員が選任されます。申立後、再生委員と打ち合わせ期日・場所、分割予納金についての振込先を確認します。

## 8. 申立後の手続の流れ

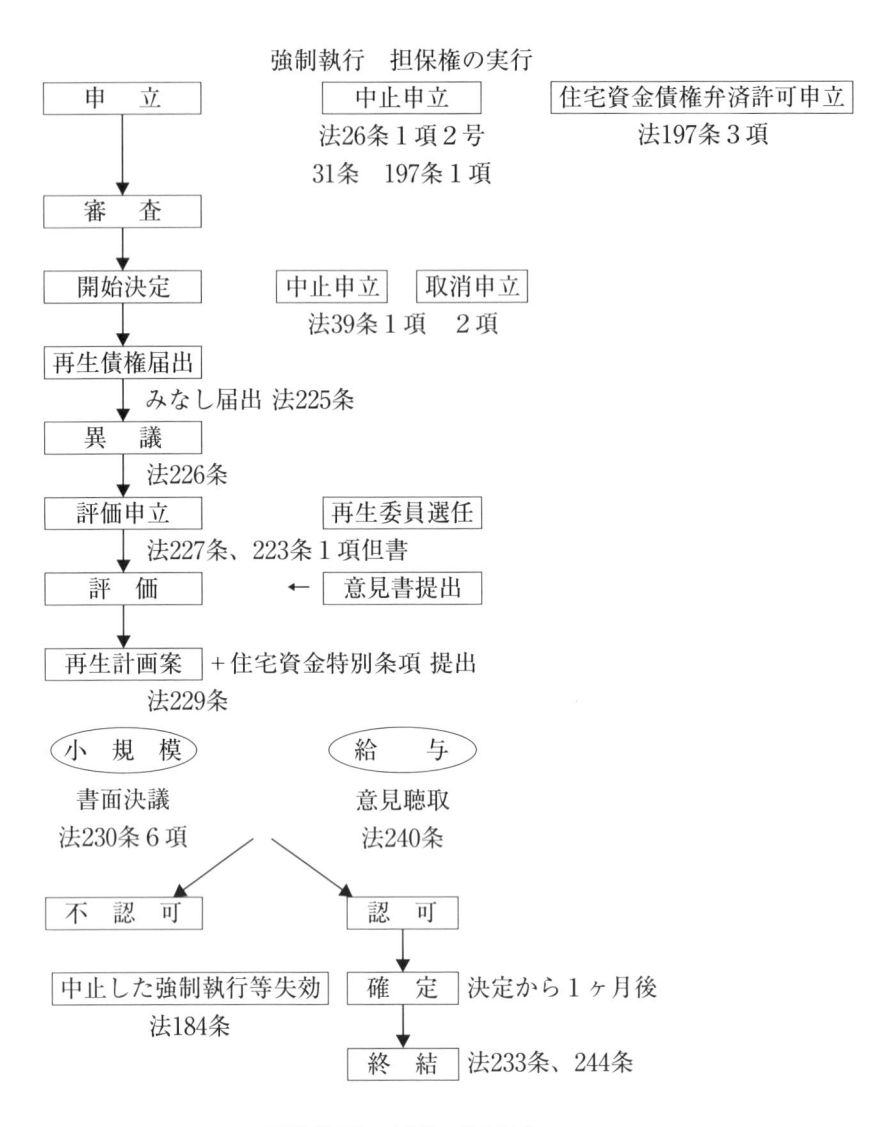

```
                              強制執行　担保権の実行
　┌─────┐            ┌─────┐          ┌──────────────┐
　│ 申　立 │            │中止申立│          │住宅資金債権弁済許可申立│
　└──┬──┘            └─────┘          └──────────────┘
       │                法26条1項2号            法197条3項
       │                31条　197条1項
       ▼
　┌─────┐
　│ 審　査 │
　└──┬──┘
       │
       ▼
　┌─────┐       ┌─────┐  ┌─────┐
　│開始決定│       │中止申立│  │取消申立│
　└──┬──┘       └─────┘  └─────┘
       │               法39条1項　2項
       ▼
　┌──────┐
　│再生債権届出│
　└──┬───┘
       │  みなし届出 法225条
       ▼
　┌─────┐
　│ 異　議 │
　└──┬──┘
       │  法226条
       ▼
　┌─────┐       ┌───────┐
　│評価申立│       │再生委員選任│
　└──┬──┘       └───────┘
       │  法227条、223条1項但書
       ▼
　┌─────┐       ┌──────┐
　│ 評　価 │ ←──  │意見書提出│
　└──┬──┘       └──────┘
       │
       ▼
　┌──────┐＋住宅資金特別条項 提出
　│再生計画案│
　└──┬───┘
         法229条

   ╭─────╮          ╭─────╮
   │ 小 規 模 │          │ 給 　 与 │
   ╰─────╯          ╰─────╯
     書面決議                意見聴取
    法230条6項              法240条
         ╲                 ╱
　┌─────┐       ┌─────┐
　│不　認　可│       │認　　可│
　└─────┘       └──┬──┘
                             │
　┌──────────┐  ┌─────┐
　│中止した強制執行等失効│  │確　定│ 決定から1ヶ月後
　└──────────┘  └──┬──┘
       法184条                 │
                          ┌─────┐
                          │終　結│ 法233条、244条
                          └─────┘

            再生計画の変更　法234条
              免責　法235条
```

## ◆東京地方裁判所個人再生手続の流れ

| 申立代理人 | 裁判所 | 再生委員 |
|---|---|---|
| 申立・住宅資金債権弁済許可申立<br>代理人・債務者ともに面接なし | 受付、封筒手交<br>再生委員選任決定<br>住宅資金債権弁済許可 | |
| 申立後1週間以内に<br>第一回振込 | | 分割予納金振込口座及び打ち合わせ場所及び候補日の通知 |
| 債務者と共に再生委員と打ち合わせ | | 債務者・代理人と打ち合わせ |
| 給与差押・競売開始がなされている場合には中止命令の申立て（決定が出たら執行裁判所へ上申） | | 開始要件の有無調査開始に関する意見書（受任後3週間以内）提出 |
| | 開始決定 | |
| 債権届出がなされた場合のみ裁判所より連絡があります | 債権届出期間 | |
| 報告書提出・届出債権の認否 | | |
| 異議通知発送・異議申述書提出 | 一般異議申述期間 | |
| | 評価申立期間 | 評価申立の場合、裁判所より連絡。意見書提出 |
| | 再生債権確定 | |
| 再生計画案提出。期限に間に合わない場合は、期限猶予申請 | | |
| | 書面決議・<br>意見聴取の決定 | 書面による決議、ないし意見聴取に付する意見書提出 |
| | | 241条2項不該当、認可要件の有無調査、分割予納金確認。<br>認可・不認可意見書提出 |
| 認可決定から1ヶ月後位に認可決定確定証明申請、債権者へ通知、確定の翌月より弁済開始 | 再生計画認可・不認可、再生委員報酬決定<br>認可決定確定証明 | 積立金から報酬差し引き残金を申立代理人指定口座へ振込 |

8 申立後の手続の流れ

## (1) 保全処分、中止命令

小規模個人再生であっても、保全処分（法30条）、中止命令（法26条）等は利用できます。従って、再生債務者の給与が差し押さえられている場合には、その中止命令で差押え手続を中止させることもできます。

## (2) 個人再生委員（法223条1項）

裁判所は、小規模個人再生申立の申述があった場合、必要があると認める場合、利害関係人の申立又は職権で1人又は数人の個人再生委員を選任することができます。再生債権の評価申立（法227条1項）があった場合、その評価申立を不適法として却下する場合には、個人再生委員を選任する必要があります。なお、東京地方裁判所の実務の取扱いでは全件再生委員が選任されます。

## (3) 再生手続開始決定の効力

1) 再生手続開始決定の効力については、通常の民事再生手続と同様です。但し、訴訟手続の中断（法40条）については、適用されません（法238条）。
2) 開始決定の際には次の事項が公告され、知れている債権者には債権者一覧表とともに送達されます。
   ① 再生債権の届出期間
   ② 再生債権に対する異議申述期間
3) 再生債権の弁済

   再生債権については、手続開始後は再生計画によらなければ弁済し、又は弁済を受けることができません。また、免除を除き再生債権を消滅させる行為をすることもできません。但し、少額の再生債権を早期に弁済することにより、手続が円滑に進行する場合には裁判所の許可を得て弁済することができます。
4) 他の手続の中止（法39条）

   開始決定があったときは、次の手続は中止されます。
   ① 破産手続
   ② 再生債権に基づく再生債務者の財産に対する強制執行

5) 開始決定後の債務者の地位

　債務者は、個人再生申立後も基本的には通常の社会生活を維持することができます。業務遂行権、財産管理権も失いません。債権者に対し、公平かつ誠実に業務を遂行し、財産を管理する義務を負います。

　但し、裁判所は開始決定後、必要があると認めるときは一定の行為について裁判所の許可を要するものと定めることができます（法41条）。許可のない行為は無効となりますが、善意の第三者には対抗できません。

6) 再生債権の届出、調査、確定

　再生債権の調査、確定手続は大幅に簡略化されています。裁判所は、開始決定の際に、債権届出期間のほか一般異議申述期間は定めますが、一般調査期間を定める必要はありません（法222条1項）。

　再生債権者は、開始決定と同時に定められた債権届出期間内に自己の再生債権を届けることができます。届出がなくても債権者一覧表に記載のある再生債権は届出期間の初日に届出があったものとみなされます（法225条）。

7) 異議の申述（法226条1項）

　再生債権者には、他の再生債権に対する異議申述や議決権が認められます。届出再生債権者は、一般異議申述期間内に裁判所に対して、届出再生債権額又は担保不足見込み額について書面で異議を述べることができます。

　再生債務者も手続開始申立と同時に提出した債権者一覧表において、再生債権額や担保不足見込み額に自ら異議を述べる旨の留保を付してあれば、一般異議申述期間内に異議を述べることができます。

8) 再生債権の評価（法227条）

　再生債権に異議が述べられた債権については、その債権を有する再生債権者は裁判所に対して再生債権の評価の申立てをすることができます（1項本文）。

　但し、その債権に債務名義が存在する場合には、異議を述べた者から裁判所に対して評価申立をする必要があります（1項但書）。

　評価申立があった場合、裁判所は個人再生委員を選任して調査をさせ、その意見を聞いて再生債権の存否及び額・担保不足見込み額を定めます（5項、6項、8項）。

9) 認可決定確定による再生債権の効果（法238条）

　認可決定が確定しても、確定判決と同一の効力、執行力（法180条2項、3項）、失権効（法178条）は認められません。

10)　再生債務者の財産の調査及び確保（法124条、125条）

　再生債務者は財産を清算価値で評価して財産目録を作成し、裁判所に提出します。貸借対照表の作成の必要はありません（法238条）。

　再生債務者が財産目録に記載すべき財産を記載せず、又は、不正の記載をした場合、裁判所は再生手続廃止決定をすることができます（法237条2項）。

　計画弁済総額が、認可決定時点での破産配当総額を下回ることが明らかになった場合には、裁判所は再生計画取消決定をすることができます（法236条）。

11) 再生計画案の提出（法163条１項、３項、規則84条）
　① 再生計画案は再生債務者本人のみが提出できます。
　　再生債務者は債権届出期間の満了後、一般異議申述期間の末日から２ヶ月以内で裁判所の定める期間内に再生計画を作成して裁判所に提出しなければなりません。
　　なお、裁判所は再生計画案の提出期間を２回まで伸長することができますが、伸長の申立ては再生計画案提出期間内にしなければ、翌日に申立てしても再生手続は廃止されますので（法191条２号）、注意を要します。

---

平成　　年(再イ)第　　　号小規模個人債務者再生申立事件

**再生計画案提出期限伸長申立書**

　　　　　　　　　　　　　　　　　　　　　年　月　日

　地方裁判所　個人債務者再生係　御中

　　　　　　　　　　再生債務者　横　修
　　　　　　　　上記代理人弁護士　弁　護　詩太郎　印

第一　申立の趣旨
　頭書事件について、　年　月　日と定められている再生計画案の提出期間の終期を　年　月　日と変更する
　との決定を求める。

第二　申立の理由
　再生債権につき、評価申立てがなされ、決定が未だなされていない。
　従って、　年　月　日までに再生計画案の提出期間を伸長していただきたく、本申立てに及んだ次第である。

② 再生計画の条項（法229条、244条）
　Ⅰ　権利変更の一般的基準
　　　再生計画認可決定により全ての再生債権者の権利について一般的かつ抽象的に、債務の減免の割合や猶予される期限を定める必要があります（法156条）。個々の債権の権利変更後の内容を記載する必要はありませんが、実務上は別表として返済計画表を添付提出します。
　Ⅱ　3ヶ月に1回以上の分割弁済する旨を定める必要があります。
　Ⅲ　弁済期間は原則として3年です。特別の事情がある場合には5年とすることも認められます。　　　　　　　　　　　　　　　　(1-38-4)

　（記載例）
　　第一　一般条項
　　1　一般条項の対象となる再生債権
　　　　後記第○の住宅資金特別条項の対象たる再生債権を除いた再生債権
　　2　権利の変更
　　　　再生債権の元本及び開始決定前に発生している利息・損害金の合計額の○％を後記3の弁済方法のとおり弁済し、残元本及び開始決定前の利息・損害金の残額並びに開始決定後の利息・損害金の全額について免除を受ける。
　　3　分割弁済の方法
　　　　再生計画認可決定の確定した日の属する月の翌月を第1回目として以後3年間3ヶ月毎に合計12回、各月末日限り返済額全額を1/12した割合による金額（1円未満は切り捨て、最終回で調整）を支払う。

　Ⅳ　別除権付再生債権については、別除権の行使によって弁済を受けることができないと見込まれる担保不足見込額が基準債権となります（法231条2項2号、241条2項5号）。不足額が確定していない場合、担保不足見込額が0円の場合、不足額が確定した場合の権利行使に関する適確な条項を定めなければなりません（法160条1項）。

（記載例）
第二　再生債権額が確定していない再生債権に対する措置
1　別除権を有する再生債権者については、別除権が行使されていない。
2　別除権の行使によって弁済を受けることができない債権の部分（以下「不足額」という）が確定したときは、前記一般条項2の定めを適用する。
3　不足額が確定した旨の通知を受けた日に既に弁済期が到来している分割金については、当該通知を受けた日から○ヵ月以内に支払う。

Ⅴ　少額債権について弁済時期を早めることは可能です。
（記載例）
権利の変更後の再生債権の額が○万円未満の場合は、再生計画認可決定の確定した日の属する月の翌月末日限り全額支払う。

Ⅵ　要保護性の高い債権については、該当する再生債権者の同意がない限り、権利変更の対象とはなりません（法229条3項、244条）。
（記載例）
1　再生債権に対する権利の変更
再生債権の元本及び開始決定前に発生している利息・損害金の合計額の○％に相当する額を弁済し、残元本及び開始決定前の利息・損害金の残額並びに開始決定後の利息・損害金の全額について免除を受ける。ただし、民事再生法229条3項各号に掲げる再生債権を除く。
2　再生債権に対する弁済方法
(1)　1の権利の変更後の再生債権について
再生債務者は、各再生債権者に対し、再生計画認可決定の確定した日の属する月の翌月を第1回目として以後3年間3ヶ月毎に合計12回、各月末日限り返済額全額を1/12した割合による金額（1円未満は切り捨て、最終回で調整）を支払う。

8　申立後の手続の流れ

(2) 民事再生法229条3項各号に掲げる再生債権について
　　再生債務者は、各再生債務者に対し、上記1本文及び2(1)の一般的基準に従って弁済し、弁済期間が満了する時に、弁済期間内に弁済をした額を控除した残額につき弁済する。

Ⅶ　住宅資金特別条項
（記載例）
　　別紙物件目録の不動産に設定されている別紙抵当権目録記載の抵当権の被担保債権である下記住宅資金貸付債権については、原契約のとおり弁済する。
記
　　平成　年　月　日金銭消費貸借契約に基づき○○が再生債務者に対し有する住宅資金貸付債権

Ⅷ　共益債権及び一般優先債権の弁済方法
（記載例）
　　共益債権及び一般優先債権は、随時支払う。

12)　再生計画の成立
　小規模個人再生手続について再生計画の提出があったときは、裁判所は再生計画案を決議に付する決定をし（法230条3項）、再生債権者に通知します（法230条4項）。積極的に不同意の回答をした債権者以外は同意したものとみなされます。不同意が議決権者数半数未満かつ議決権額半数以下のときに可決されたものとみなされます（法230条6項）。
　給与所得者等再生手続について再生計画の提出があったときは、裁判所は再生計画案を認可すべきかどうかについての意見聴取決定をし（法240条1項）、再生債権者に通知します（法240条2項）。

13)　再生計画の認可
　再生計画案が可決され、不認可要件（法174条2項、231条2項、241条）がない場合、裁判所は再生計画認可決定を行います。

14) 再生計画の認可後の手続

再生計画認可の決定の確定により、手続は当然に終結します（法233条、244条）。

15) 再生計画遂行の困難　　　　　　　　　　　　　　　　　(2-48-4)

① 弁済期間の延長（法234条、244条）

再生計画の認可後に、リストラや給与の削減、病気等やむをえない事情によりその計画をそのまま履行することが困難となった場合には再生計画の変更が可能です。

この場合、裁判所に申立てをし、再生計画提出と同じ手続を取ることにより、計画上の弁済期間を最長2年延長することができます。

② ハードシップ免責（法235条、244条）

債務者に帰責性のない事由により計画の遂行も計画の変更による対応も極めて困難になった場合、次の要件を充足していれば、裁判所は再生債務者の申立てにより、届出再生債権者の意見を聴いて免責の決定をすることができます。

Ⅰ　計画による変更後の無異議債権及び評価済債権のすべてについて、75％以上の弁済を終えていること。

Ⅱ　各再生債権者に清算価値相当分は弁済していること。

Ⅲ　再生計画の変更が極めて困難である場合。

16) 再生計画の取消（法189条、236条、242条）

再生計画認可決定が確定した場合であっても、次の事由がある場合には、裁判所は再生債権者の申立てにより、再生計画取消決定をすることができます。

① 計画不履行

② 計画上の弁済総額が認可決定時点の予想破産配当額（清算価値）未満であることが明らかになった場合

③ 再生計画認可決定確定後に、計画弁済総額が可処分所得要件を満たさないことが明らかになった場合

17) 再生計画の廃止
① 一般の廃止事由
Ⅰ 裁判所の定めた期間若しくは伸長した期間内に再生計画案の提出がない場合（法163条1項、2項）
Ⅱ 再生手続開始の申立事由がなかった場合（法174条2項1号）
Ⅲ 再生債務者に義務違反があった場合（法174条2項1号）
Ⅳ 計画遂行の見込みがない場合（法174条2項2号）
② 必要的廃止事由
　　書面による決議で再生計画案が否決された場合には、裁判所は職権で手続を廃止しなければなりません（法237条1項）。
③ 裁量的廃止事由
　　再生債務者が財産目録に記載すべき財産を記載しなかったとき、又は不正の記載をしたときは、裁判所は届出再生債権者若しくは個人再生委員の申立てにより又は職権で手続を廃止することができます（法237条2項、244条）。

## 9. 住宅資金貸付債権に関する特則

　一定の要件を充足するものを住宅資金貸付債権として、その住宅資金貸付債権について、住宅資金特別条項を定めた場合、再生債務者は住宅ローンの返済を続けることが可能となります（法197条3項、198条）。これにより、住宅ローン以外の債務を整理しつつ、住宅ローンを返済することにより、生活の基盤である住宅を確保することができます。なお、住宅資金貸付債権以外に再生債権がない場合であっても、住宅資金特別条項を定めることは可能です。但し、この場合は、再生計画案についての議決権者がいないため、裁判所は住宅ローン債権者の意見を聴いて、再生計画案の認可、不認可を決定します（法201条2項）。

　債権者一覧表に住宅資金特別条項を定めた再生計画案を提出することを明記しておきます。具体的には、債権者一覧表にチェックすることにより明記します（法221条3項4号、238条、244条）。

　添付書類としては、下記が必要になります（規則102条）。
① 　住宅資金貸付契約の内容を記載した書面の写し
② 　住宅資金貸付契約に定める各弁済期における弁済すべき額を明らかにする書面
③ 　住宅及び住宅の敷地の不動産登記事項証明書
④ 　住宅以外の不動産にも、住宅資金貸付債権のための抵当権が設定されている場合には、その不動産の不動産登記事項証明書
⑤ 　再生債務者の住宅において、もっぱら自己の居住の用に供される部分及び床面積を明らかにする書面
⑥ 　保証会社が住宅資金貸付債権に係る保証債務の全部を履行したときは、保証債務の消滅した日を明らかにする書面

## (1) 住宅（民事再生法196条1項1号）

1) 個人である再生債務者が所有している住宅

　所有には共有も含まれます。

　一戸建てだけでなく、マンション等の集合住宅も含まれます。

2) 再生債務者自身の居住の用に供する建物で、その床面積の2分の1以上の部分がもっぱら自己の居住の用に供されていることを要します。利殖用マンション、事務所用建物は含まれません。個人事業者が自宅を事務所として利用している場合、事業専用の建物との均衡から、その建物の2分の1以上が自己の居住の用に供されている必要があります。建物の一部を他人に賃貸している場合、二世帯住宅の場合で、それぞれの居住空間が独立している場合も、再生債務者の住宅部分が床面積で2分の1以上ある必要があります。 (2-47-3)

3) 1) 2) の要件を充足する建物が2つ以上ある場合には、再生債務者が主として居住の用に供する1つに限られます。全ての居住用建物が対象となるのではありませんので、セカンドハウスがある場合には、主として居住の用に供する自宅に限られます。

## (2) 住宅資金貸付債権（法196条1項3号）

1) 住宅の建設・購入に必要な資金、住宅の用に供する土地又は借地権の取得に必要な資金、又は住宅の改良に必要な資金の貸付に係る再生債権であることを要します。住宅自体の取得に要する資金だけでなく、敷地たる土地（又は借地権）の取得に必要な資金を含みます。借り換え住宅ローンも含まれます。
2) 分割払の定めのある再生債権であること。
3) その再生債権又はその再生債権を保証会社が代位弁済した場合の求償債権を抵当権の被担保債権とすることを要します。この抵当権には根抵当権も含まれます。保証を業としない者が代位弁済した場合には、住宅資金貸付債権の適用はありません。　　　　　　　　　　　　　　　(2-47-4)
4) 抵当権が自宅に設定されていることを要します。抵当権が設定されていない住宅ローンには適用はありません。抵当権が住宅ではなく、敷地のみに設定されている場合にも適用はありません。

## (3) 住宅資金特別条項を定めることができない場合
　　（法198条1項但書、2項）

1) 住宅等に他の抵当権が設定されている場合
　① 住宅に住宅資金貸付債権を担保する抵当権以外に、一般債権を被担保債権とする担保権の設定がある場合。（根）抵当権設定仮登記がある場合にはこの仮登記も抹消する必要があります。実務上、再生計画の提出までに一般の後順位（根）抵当権を抹消できる見込みがある場合には、開始決定を認めています。　　　　　　　　　　(1-39-2、2-47-1)
　② 住宅に加えて別の不動産にも、住宅資金貸付債権を担保する共同抵当権の設定があり、その不動産に住宅資金貸付債権を担保する抵当権の後順位に一般債権を被担保債権とする抵当権の設定がある場合。例えば、住宅以外の別荘についても住宅資金貸付債権の共同抵当が設定されている場合で、その別荘に一般債権を被担保債権とする後順位抵当権の設定がある場合。この場合、別荘に設定されている後順位抵当権者が、住宅資金貸付債権を担保する抵当権に代位する可能性があるためです。

9　住宅資金貸付債権に関する特則

2) 保証会社以外の個人が代位弁済した場合には、住宅資金貸付債権に関する特則を利用することはできません。
3) 保証会社が住宅資金貸付債権の保証債務を履行した場合で、その履行日から6ヶ月を経過した後に再生手続申立てがなされた場合

保証債務履行後あまりに長期間が経過した後に保証債務履行の巻戻しがなされれば、取引の安定を著しく欠くこととなるためです。

(2-47-2)

### (4) 他の再生債権と異なる点

① 一部弁済許可による弁済（法197条3項）
　　この許可は、再生手続申立と同時又は申立後速やかに弁済許可の申立書を提出すれば足ります。
② 住宅資金貸付債権は再生債権総額には含まれません（法231条2項2号、241条2項5号）。

(1-39-1)

③ 住宅資金貸付債権者は再生計画案への議決権はありません（法201条1項）。
④ 住宅資金貸付債権は債権調査の対象にはなりません（法226条5項、227条10項、244条）。
⑤ 住宅資金貸付債権者は再生計画案に対する意見聴取のみです（法201条2項）。

## (5) 住宅資金特別条項

### 1) そのまま型

　住宅資金貸付債権に遅滞がない場合、再生債務者は裁判所の許可を得て、開始決定後再生計画認可決定確定までの間も当初の住宅資金貸付契約とおりに弁済し続け、認可決定後も同じように弁済していきます（法197条3項）。

### 2) 期限の利益回復型

　再生債務者が、住宅資金貸付債権について期限の利益を喪失した場合、下記①から③の支払いが滞った部分全額について、一定の弁済期間内に返済する内容の再生計画案を作成する必要があります（法199条1項）。弁済期間は一般の再生債権の弁済期間と同一期間で、原則3年、例外的に5年まで延長が可能です。

　① 再生計画認可決定確定時までに弁済期が到来する住宅資金貸付債権の元本部分
　② ①に対する再生計画認可決定確定後の利息
　③ ①に対する再生計画認可決定確定時までの利息、損害金

　この条項を含む再生計画を裁判所が認可した場合には、住宅資金貸付債権についての期限の利益の喪失はなかったこととなり、再生債務者は、延滞部分の全額を一定期間内に弁済し、再生計画認可決定確定後に弁済期が到来する部分は、当初の契約に定められた弁済期に支払えば足ります。

### 3) リスケジュール型（最終弁済期延長型）

　2)の期限の利益回復型では弁済が難しい場合、住宅ローン債権者との協議により、弁済期間を最大10年間、債務者が70歳を超えない範囲まで延長する内容の再生計画案を作成する必要があります。この場合、弁済期との間隔や弁済額（元利均等払、元金均等払）が当初の契約に定められていた内容に概ね沿うことを要します（法199条2項）。この結果、各弁済期における弁済額は、当初の契約額よりも少なくなります。なお、当初の契約に定められた最終弁済期が70歳を超えている場合は、この内容の条項を定めることはできません。この場合は、同意書が必要となります（同意型　法199条4項）。

4）リスケジュール型（元本猶予期間併用型　法199条3項）

　3）の最終弁済期延長型では弁済が難しい場合、弁済期間の延長に加えて、再生計画期間内は、元本の一部及び元本に対する元本猶予期間中の約定利息のみを弁済する内容の再生計画案を作成する必要があります。この結果、再生計画期間内は、一般債権の弁済を確実に行い、その後、住宅資金貸付債権の弁済も確実にすることができます。なお、元本猶予期間は再生計画期間と一致させる必要はありませんが、超えることはできません。元本猶予期間後の弁済については、弁済期との間隔や弁済額（元利均等払、元金均等払）が当初の契約に定められていた内容に概ね沿うことを要します（法199条3項）。なお、この場合も、当初の契約に定められた最終弁済期が70歳を超えている場合は、同意書が必要となります（同意型　法199条4項）。

5）同意型

　住宅貸付債権者の同意があれば、以上と異なる内容の再生計画案を作成することができます（法199条4項）。同意は書面で行う必要があり、原本を提出します（規則100条）。

**参考書籍**

『新 破産から民法がみえる　民法の盲点と破産法入門』
　　小林秀之著　日本評論社　2,800円＋税

『破産・民事再生の実務〔新版〕上　破産編1』　4,000円＋税

『破産・民事再生の実務〔新版〕中　破産編2』　4,000円＋税

『破産・民事再生の実務〔新版〕下　民事再生・個人再生編』　5,600円＋税
　　東京地方裁判所破産再生実務研究会著
　　財団法人金融財政事情研究会

『破産実務 Q＆A150問　全国ネットメーリングリストの質疑から』
　　全国倒産処理弁護士ネットワーク編
　　社団法人金融財政事情研究会　3,400円＋税

『会社再建・清算のノウハウ　第4版　民事再生・任意整理・破産の実務』
　　三山裕三著　Lexis Nexis Japan　5,000円＋税

『個人民事再生の実務』
　　日本司法書士会連合会　消費者問題対策推進委員会編
　　民事法研究会　4,800円＋税

『改正法対応 事例解説　個人再生〜大阪再生物語』
　　大阪地方裁判所・大阪弁護士会　個人再生手続運用研究会編
　　新日本法規　3,300円＋税

『個人再生の実務 Q＆A100問
　　　　全国ネットメーリングリストの質疑から』
　　全国倒産処理弁護士ネットワーク編　金融財政事情研究会　2,800円＋税

『破産・個人再生の実務
　　　　Q＆A　はい6民です　お答えします〔2008年12月全訂新版〕』
　　大阪地方裁判所第6民事部編集
　　大阪弁護士協同組合　1,500円（税込）

## ◆ご意見シート

Paralegal Club　宛
FAX 03-3660-8977
E-Mail plcitsumi@paralegal-jp.com

　　　　　　　　　　　　　　　　　　　　　　　年　　月　　日

　　お名前：

　　ご連絡先　　住　所：

　　　　　　　　E-Mail：

　　　　　　　　TEL：　　　　　　　FAX：


お問い合わせ・ご質問・ご意見・ご希望、情報等お寄せ下さい。

## パラリーガルクラブ主催　パラリーガル養成講座

●本講座の特徴●

仕事の内容を知り、仕事が楽しくなり、面白くなる！
体系的講座　手続における位置づけを押さえます。
条文にあたり、法律・規則で実務の根拠にあたります。
課題チャレンジで受講インプットをアウトプット。
通学講座でも音声データの取り寄せ可能で何回でも
復習できます。

会　　場　　ＰＬＣ人形町Office（次頁）
テキスト　　『手続法実務マニュアル　体系から学ぶ手続法』
　　　　　　　　取扱書店　弁護士会館ブックセンター　至誠堂書店
　その他、受講には、最新の模範六法をご持参ください。
　　注意！ハンディ版『模範小六法』ではなく、『模範六法』でお願いします。
講　　師　　パラリーガルクラブ　代表　横店恵美
（現職法律事務所職員、國學院大學法学部「パラリーガル実務講座」兼任講師）
受講費用　　通学・通信　同額

## 通学　火曜・木曜　講座年間スケジュール

| 講座 | 期間 | 回数 | 費用 |
|---|---|---|---|
| 民事訴訟・保全講座 | 23年5月10日 ～ 7月5日 | 9回 | 27,000円 |
| 民事執行講座 | 7月12日 ～ 9月13日 | 9回 | 27,000円 |
| 法務局実務講座 | 9月20日 ～ 10月25日 | 6回 | 18,000円 |
| 民事・人事訴訟講座 | 11月1日 ～ 11月15日 | 3回 | 9,000円 |
| 民事保全講座 | 11月29日 ～ 12月20日 | 4回 | 12,000円 |
| 民事執行講座 | 24年1月26日 ～ 2月16日 | 4回 | 12,000円 |
| 倒産実務講座 | 24年1月24日 ～ 3月13日 | 8回 | 24,000円 |
| 離婚・家事事件講座 | 24年3月1日 ～ 3月22日 | 4回 | 12,000円 |
| 相続実務講座 | 24年3月27日 ～ 4月24日 | 5回 | 15,000円 |

# パラリーガルクラブ人形町 Office Map

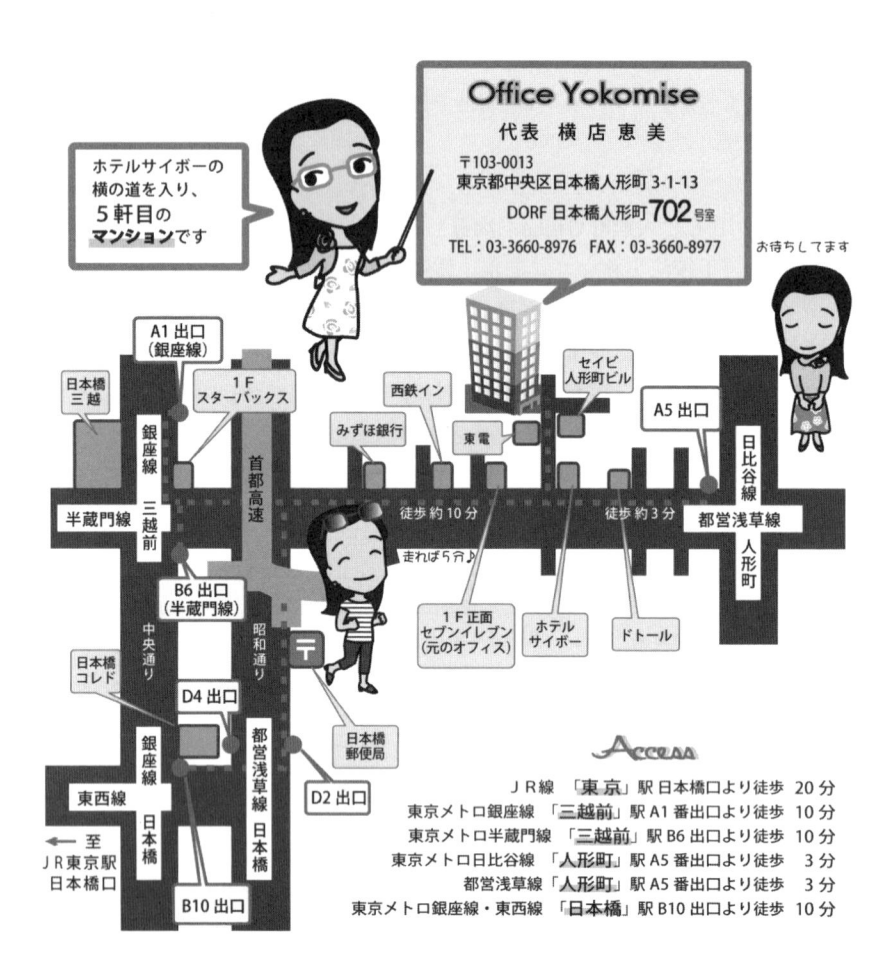

**Office Yokomise**
代表 横店 恵美

〒103-0013
東京都中央区日本橋人形町 3-1-13
DORF 日本橋人形町 **702** 号室
TEL：03-3660-8976　FAX：03-3660-8977

ホテルサイボーの横の道を入り、5軒目の**マンション**です

お待ちしてます

日本橋三越／銀座線／半蔵門線／三越前
A1 出口（銀座線）
1F スターバックス
首都高速
西鉄イン
みずほ銀行
東電
セイビ人形町ビル
A5 出口
日比谷線
都営浅草線
人形町
徒歩 約10分
徒歩 約3分
走れば5分♪
B6 出口（半蔵門線）
中央通り
昭和通り
〒 日本橋郵便局
1F 正面セブンイレブン（元のオフィス）
ホテルサイボー
ドトール
日本橋コレド
D4 出口
銀座線
東西線
都営浅草線
日本橋
D2 出口
B10 出口
←至 JR東京駅 日本橋口

## Access

JR線　「東京」駅 日本橋口より徒歩　20分
東京メトロ銀座線　「三越前」駅 A1番出口より徒歩　10分
東京メトロ半蔵門線　「三越前」駅 B6番出口より徒歩　10分
東京メトロ日比谷線　「人形町」駅 A5番出口より徒歩　3分
都営浅草線　「人形町」駅 A5番出口より徒歩　3分
東京メトロ銀座線・東西線　「日本橋」駅 B10出口より徒歩　10分

## 受講・試聴申込

下記申込書FAX送信　ないし、
パラリーガルクラブＨＰ申込フォーム　ないし、
E-Mail plc@paralegal-jp.com

受講申込書　FAX 03-3660-8977

チェックお願いします。

| | | | |
|---|---|---|---|
| ☐ 倒産実務講座 | ☐ 通学 | ☐ 通信 |
| ☐ 相続実務講座 | ☐ 通学 | ☐ 通信 |
| ☐ 民事訴訟・保全９回講座 | ☐ 通学 | ☐ 通信 |
| ☐ 民事執行９回講座 | ☐ 通学 | ☐ 通信 |
| ☐ 法務局実務講座 | ☐ 通学 | ☐ 通信 |
| ☐ 民事訴訟・人事訴訟３回講座 | ☐ 通学 | ☐ 通信 |
| ☐ 民事保全４回講座 | ☐ 通学 | ☐ 通信 |
| ☐ 民事執行４回講座 | ☐ 通学 | ☐ 通信 |
| ☐ 離婚・家事事件４回講座 | ☐ 通学 | ☐ 通信 |
| ☐ 試聴希望 | | |

（必須）お名前：

勤務先：

ご連絡先
住　　所：

（必須）E-Mail：

TEL：

FAX：

著者紹介
### パラリーガルクラブ

　法律実務情報交換、マニュアル発行、自主研修会、パラリーガル養成講座主催等実務に役立ち、仕事が楽しくなるようバックアップ、日本における法律事務・登記事務手続専門職としてのパラリーガルを職域として確立することを目的としています。

〒103-0013　東京都中央区日本橋人形町3丁目1番13-702号　Office Yokomise内
TEL 03-3660-8976　FAX 03-3660-8977
E-Mail　plcitsumi@paralegal-jp.com　URL http://www.paralegal-jp.com/


イラスト
中安麻梨子（本文）
花色木綿（講座案内・人形町Office Map）


### 法律事務職員簡単手続法マニュアルⅡ

平成23年7月15日　初版1刷発行

著　者　パラリーガルクラブ
発行者　鯉　渕　友　南
発行所　株式会社　弘文堂　101-0062 東京都千代田区神田駿河台1の7
　　　　　　　　　　　　　TEL 03(3294)4801　　　振替 00120-6-53909
　　　　　　　　　　　　　　　　　　　http://www.koubundou.co.jp
組　版　ダーツ
装　幀　青山修作
印　刷
製　本　図書印刷

Ⓒ Paralegal Club. 2011 Printed in Japan
[JCOPY] <(社)出版者著作権管理機構　委託出版物>
本書の無断複写は著作権法上での例外を除き禁じられています。複写される場合は、そのつど事前に、(社)出版者著作権管理機構（電話 03-3513-6969、FAX 03-3513-6979、e-mail: info@jcopy.or.jp）の許諾を得てください。
また本書を代行業者等の第三者に依頼してスキャンやデジタル化することは、たとえ個人や家庭内での利用であっても一切認められておりません。

ISBN978-4-335-35498-4